《中国语学文库》
总 主 编：邢福义
副总主编：汪国胜　朱　斌
本成果受到中国人民大学2017年度"中央高校建设世界一流大学（学科）和特色发展引导专项资金"支持。

焦点敏感算子"只"的语义研究

THE SEMANTIC ANALYSIS OF THE FOCUS-SENSITIVE OPERATOR "ZHI"

殷何辉◎著

中国出版集团公司
世界图书出版公司
广州·上海·西安·北京

图书在版编目（CIP）数据

焦点敏感算子"只"的语义研究 / 殷何辉著. —
广州 : 世界图书出版广东有限公司，2017.7
ISBN 978-7-5192-3203-0

Ⅰ.①焦… Ⅱ.①殷… Ⅲ.①现代汉语—句法—研究
Ⅳ.①H146.3

中国版本图书馆CIP数据核字（2017）第167921号

书　　名	焦点敏感算子"只"的语义研究	
	JIAODIAN MINGAN SUANZI "ZHI" DE YUYI YANJIU	
著　　者	殷何辉	
责任编辑	宋　焱	
装帧设计	黑眼圈工作室	
出版发行	世界图书出版广东有限公司	
地　　址	广州市新港西路大江冲 25 号	
邮　　编	510300	
电　　话	020-84460408	
网　　址	http:// www.gdst.com.cn	
邮　　箱	wpc_gdst@163.com	
经　　销	新华书店	
印　　刷	北京市金星印务有限公司	
开　　本	710mm×1000mm　1/16	
印　　张	12.5	
字　　数	209 千	
版　　次	2017 年 7 月第 1 版　2017 年 7 月第 1 次印刷	
国际书号	ISBN　978-7-5192-3203-0	
定　　价	45.00 元	

序

不久前，收到我的学生殷何辉的电子邮件，告诉我她的博士论文已被收入邢福义先生主编的《中国语学文库》，近期将正式出版。她嘱我给该书作序，这令我既感意外又感欣慰。

殷何辉是我 2003 年在北京大学刚担任博士生导师时招收的最早博士研究生之一。在北大与她的接触中，她扎实的知识功底和敏捷的思辨能力，给我留下了很好的印象，也在她身上寄予了不小的期望。2007 年她博士毕业，就职于中国人民大学，应该说这对于她来说是提供了一个优良的学术环境和平台。然而此后几年却一直没有看到她发表多少学术文章或者参加多少学术会议，后来才知道她多年来一直在国外（包括以色列、美国等国家）从事对外汉语教学，工作压力大，加上家庭和孩子负担，时间和精力有限。所以我曾想她大概是放弃了学术研究的，收到她的电子邮件和已完成的书稿，难免有点出乎我的意料。这次出版的著作是在她的博士论文基础上经过多次修改定稿的，从中我又看到了她的勤奋和追求，她没有忘记她的博士论文，也并没有放弃做学术研究，这当然也让我感到十分欣慰。

何辉的博士论文《焦点敏感算子"只"的语义研究》研究现代汉语中一个极为常见的副词"只"的语义特征及相关的句法表现。选题不算大，但虚词研究也必须"小题大做"。全书聚焦于汉语副词"只"作为焦点敏感算子显示出的句法语义现象，对"只"的句法语义特征进行多方面的研究，同时引入焦点理论从一个全新的角度研究"只"的语义指向问题。本书主体内容分为四部分：第一部分结合汉语实际介绍了形式语义学中与焦点敏感算子相关的理论问题；第二部分考查了焦点敏感算子"只"的浮动性特征；第三部分从焦点敏感算子在句子语义表达中的作用这个角度研究"只"的语义特征，具体分析了焦点敏感算子"只"的量级和非量级两种不同用法，比较"只"和其他排他性算子在量级用法和非量级用法方面的异同；第四部分从焦点关联的角度研究"只"的语义指向问题，力求解决"只"的语义歧指问题背后的深层动因。

文章对副词"只"的研究，采用"老问题、新思路"和"新问题、新方法"相结合的策略，重视发掘汉语中独特的语言现象，引入新的语言学理论，特别是在形式语言学的理论背景下解释汉语副词的语义，力图探究现象背后的规律，对一些语言现象做出了一些令人信服的解释。本书论证逻辑的严密性、语料观察的充分性，语言事实描写的充分性以及对语言现象解释的充分性都有可圈可点之处。

在当前的中国，女性中学历高的人很多，但是真正投身学术研究或最终坚持到底的却比较少。看到殷何辉在这么多年之后依然还在学术的路上不懈前行，甚至是"艰难跋涉"，我是很高兴的。希望她能继续走下去，走得更远一些！

沈阳

2017 年 6 月 3 日

于南京大学

目　　录

第一章 导　　论

本书在焦点关联理论的背景下，对现代汉语中的焦点敏感算子"只"进行多方面的研究。本章介绍本书确定所研究问题的缘起；综述前人的相关研究；说明本书研究的问题和章节安排；交代语料来源。

1.1　问题的提出

汉语学界对现代汉语副词"只"的语义研究涉及两个重要的领域：一是语义指向的研究领域，二是焦点的研究领域。这揭示出了"只"在语法和语义方面的两个重要的特性：一是语义多指性，二是对焦点敏感。

"只"的语义多指性即指"只"在句子中有多个语义指向，可以用下面的例子来说明：

　　（1）他只给了我十元钱。

该句有如下三个意思：

　　（2）a. 他光给了我十元钱（没有给我别的什么）。

　　　　 b. 他仅给了我十元钱（没有多给我一点）。

　　　　 c. 他光给了我十元钱（没有给别人钱）。

这三种不同意思与"只"的不同语义指向相联系。当句子表示（2a）义时，"只"指向"钱"；当句子表示（2b）义时，"只"指向"十元"；当句子表示（2c）义时，"只"指向"我"。

"只"的语义指向不同，句子的意思不一样，汉语语法学界称之为"歧指"。

而"只"对焦点敏感的特性则须从形式语义学的视角去认识。形式语义学认为，语义就是真值条件（truth conditions），句子的意义就是使句子为真的各种条件。形式语言学在研究中关注影响句子真值的各种因素，他们发现在有些句子结构中，焦点能影响句子的语义真值，一个句子中的焦点不同，相应的句子的语义就不一样。汉语中的"只"字句就是这样的结构，例（3）是例（1）中的焦点（句子中加粗的部分，下同）位于不同位置的表达形式：

> （3）a. 他只给了我十元**钱**。
>
> b. 他只给了我**十元**钱。
>
> c. 他只给了**我**十元钱。

从结构上看，（3a）、（3b）和（3c）的差别仅在于焦点位置不同，但是从语义上分析，它们的真值不一样，相应的，句子的语义也不相同。如果"他"给了"我""十元钱"还给了"我"一些其他的东西，那么（3b）是真的，（3a）是假的，（3c）可真可假；如果"他"给了"我""十元钱"没有给"我"其他东西，同时，"他"还给了别的人"十元钱"，那么（3a）和（3b）都是真的，（3c）是假的。

"只"字句的语义之所以随着焦点的不同而有异，关键在于句子中有"只"，如果没有"只"的话，句子的语义就不会随焦点的改变而有不同了。我们很容易看出：例（4）中的三个句子，它们的焦点虽然不同，但是句子的真值没有差别，要么同真，要么同假。

> （4）a. 他给了我十元**钱**。
>
> b. 他给了我**十元**钱。
>
> c. 他给了**我**十元钱。

"只"出现在句子中时，会使句子的真值随焦点位置的不同而不同，"只"的这种特性，就是焦点敏感。

综观前贤对"只"的研究，基本上围绕"只"的这两个特性展开，尤其是"只"的语义多指性引起汉语学界极大的兴趣，"只"的语义指向的研究不但是"只"的研究的核心问题，而且几乎与语义指向理论研究相始终，是语义指向理论得以建立和发展的重要事实基础。焦点敏感现象只是近几年才有所关注，但是当人们把目光投到焦点敏感的问题上时，人们就会谈到"只"，因为"只"集中体现了焦点敏感算子的特征。

"只"典型地反映了副词在语义指向和焦点敏感两个方面的特征，人们很自然地会问：是什么因素使得"只"在句子中表现出这样的特性？"只"的语义指向如何，其制约因素是什么？"只"对其所在句子的语义表达有什么影响？"只"作为焦点敏感算子是如何影响"只"字句的语义解释的？"只"的这两个特性之间有没有什么必然联系，如果有，究竟"只"的语义指向和焦点敏感之间是什么关系？

近年来，徐烈炯等人引进西方的焦点研究成果，应用于汉语研究，在汉语的焦点问题方面做了很多研究。他们也开始关注汉语的焦点关联现象和汉语的焦点敏感算子，徐烈炯认为副词的语义指向和焦点敏感是一回事，但是没有更进一步的深入研究和分析。而汉语学界在研究现代汉语的语义指向问题时，也都注意到副词的语义指向和焦点有密切的关系。

有鉴于此，也因为西方焦点理论研究的充分性，本书尝试以焦点理论为背景，围绕"只"的焦点敏感特性，从"只"作为焦点敏感算子的角度对"只"的语义进行多方面的研究。一方面是对汉语的焦点关联问题从个案方面进行研究，另一方面，也是引入新的理论对汉语的语义指向问题作出新的观察和分析。

1.2 前人研究的现状

《现代汉语八百词》把"只"的语义概括为"表示除此之外没有别的"。它有如下用法：

一是"限制与动作有关的事物"：

（5）我只学过英语。

"只常常跟'不（没）'对举"：

（6）a. 只见树木不见森林。

b. 我只通知了老赵，没有通知别人。

二是"限制与动作有关的事物的数量"：

(7) a. 我去晚了，只看了最后两幕。

b. 这件事只有他一个人知道。

c. 教室里只有三四个人。

三是"限制动作本身及动作的可能性等"：

(8) a. 这本书我只翻了翻，还没有详细看。

b. 这件工作只能慢慢地做，不能操之过急。

四是"直接放在名词前面，限制事物的数量。可以说中间隐含着一个动词（有、是、要等）"：

(9) 屋子里只老王一个人。

(10) 只你一个人去行吗？

(11) 只玉米就收了三十万斤。

《现代汉语八百词》对"只"的解释涉及了"只"的基本意义和各种用法，也概括出了"只"的各种分布，为研究者们所普遍接受，也成为后来学者研究"只"的语义问题的基点。

以《现代汉语八百词》的研究为基础，前贤对"只"的研究主要涉及"只"的语义指向研究、焦点研究两个领域。

1.2.1 "只"的语义指向研究

有两类文献涉及对"只"的语义指向研究：一类是探索副词语义指向理论的文献；另一类是专门以"只"的语义指向作为研究内容的文献。

关于副词语义指向的理论探索文献，重要的有陆俭明（1997）、沈开木（1996）、李宇明（2000）、邵敬敏（1990）和周刚（1998）等。这些文献着眼于分析现代汉语副词的语义指向问题，构建副词语义指向的理论分析框架，往往以"只"的语义指向作为理论建构的事实基础，对"只"的指向研究仅有零星的论述，然而其中的理论眼光却富有启发和指导意义。陆俭明（1997）指出：对于"只"，"可以单独研究副词'只'在语义指向上的规律，说明它在什么条件下指向动词性成分，在什么条件下指向数量成分，在什么条件下在语义指向上会出现歧解，怎样进行分化等等"。这些说明对"只"的语义指向研究有重要的指导作用。

李宇明（2000）以"只"为例，提出了语义指向的"指源"、"指的"、"指域"等概念。对副词的语义指向而言，"指源"就是副词本身，"指域"是该词指向的范围，即副词的辖域。"'指的'是辖域中的语义焦点，在不同的语境中同一指源的指的可能不同……"，下例中"只"是指源，"吃了一个苹果"是"只"的指域，"指的"是辖域中的语义焦点，可以是"一个"，也可以是"苹果"。

（12）他只吃了一个苹果。

从现代语义学的观点来看，这个语义指向分析框架与现代形式语义学中的三分量化结构暗合，已经涉及焦点结构的问题。

这些理论阐述中无不透着研究者敏锐的洞察力，可惜的是没有继续发展形成系统的理论。因此，其对语言事实的解释力被大大削弱了。

专门以"只"的语义指向作为研究内容的文献，有陈伟琳、贾齐华（1993），卢英顺（1996），王丽君（2000），徐以中（2003、2010），李范烈（2009）等。这些文章从对"只"的语义指向描写和"只"字句的歧义分析两个方面逐步深入地展开了研究。

对"只"语义指向的描写有两个深入：一是语义指向描写由静态向动态深入，二是由句法语义向句法语义和语用相结合的方向深入，力求发现"只"的语义指向规律。

陈伟琳、贾齐华（1993）从"只"限制动词性成分、形容词性成分及名词性成分和复句的分句等方面，详细地描写了"只"修饰不同性质成分时的句法分布和语义指向。这种描写虽然是对真实文本语料的分析，但是从方法上看还没有注意到语境等因素的制约，是一种纯静态的描写。

卢英顺（1996）不仅从"只"所指向的句法成分、成分性质、成分功能等多角度描述了"只"的语义指向，还从不同角度论述了"只"的语义指向特点对一些句法变换的制约，例如，他认为"只"的后指特性不允许某些动词的宾语提前，会制约如下的变换：

（13）他只买了《唐诗鉴赏词典》——*《唐诗鉴赏词典》他只买了。

王丽君（2000）在静态分析了"只"的语义指向后，又从动态角度分析了"只"的语用功能，考察了"只"经常出现的句式。王丽君还通过统计，发现了"只"指向不同性质成分时使用的频率不一样，频率最高的是指向数量词组，其次是指向名词和名词短语，最低的是指向动词短语。

李范烈（2009）通过一定规模的语料分析和语感调查，首先描写了对举格式[1]和非对举格式中"只"的语义指向，概括总结出了有关"只"的语义指向的几点倾向性规律。李范烈还从删除、移位、添加、位置浮动等角度对与"只"的语义指向相关的句法变换做了考察，认为"只"的非指向成分一般可以移位或删除，而述语作为非指向成分时不能删除。如：

> （14）a. 你在家看书吗？
>
> b. 不，我只在家看电视。
>
> c. 不，只看电视。
>
> d. *不，只电视。

李范烈的研究在静态描写上比贾齐华 & 陈伟琳（1993）更加细致全面，在动态分析方面的角度也更加多样化。

以上前贤对"只"的语义指向的描写，虽然总体上是不断深入的，但是仍然缺乏解释的充分性；虽然有详尽的描写，但是没有发现制约"只"的语义指向的决定性的因素，不能回答"只"为什么指向这些成分？也就是说，这些研究只是"述其然"，但没有"释其所以然"。

对"只"字句的歧义分析，重要的文献有卢英顺（1996）和徐以中（2003）。

卢英顺（1996）认为"只"字句中的"只"的语义指向具有多指性，他称之为"只"的语义指向模糊性，如下例，"只"可以指向"紫红色"，也可以指向"毛衣"：

> （15）这些天父亲只穿一件紫红色的毛衣，这是母亲与之热恋时亲手打
>
> 的，他只在特殊时刻才穿上去。

"只"的语义指向模糊性，导致"只"字句可以有不同的语义解读。换句话说，"只"字句的歧义就是"只"的语义指向的模糊性。对此语义指向模糊性现象，卢英顺从表达的角度提出了一些歧义的消除手段和两条语义指向原则。

歧义消除的手段包括语境、重音、变换和句子的蕴涵，如：

---

[1] 对举格式指的是肯定和否定并用的格式，基本形式是：……不／没……只……；……只……不／没……。

（16）我只喜欢你。

可以通过加重音于"喜欢"和"你"上，消除歧义。而下面的句子则通过变换消歧：

（17）只我的衣服是老式的。

可以变换为："衣服只我的是老式的"和"我只衣服是老式的"。而有些句子可以通过"只"的语义蕴涵消除歧义。如：

（18）我只买了红楼梦。

卢英顺认为，"只"在语义上蕴涵"量少"，所以其所指对象不能是表示极限的。在上例中，"买"对事物的拥有来说是极限，所以"只"只能指向"红楼梦"[1]。

卢英顺提出的两条语义原则：一是话题优先原则，二是邻近原则：

（19）a.话题优先原则：

当"只"位于句首时，其语义一般指向话题，而不指向其后的谓语动词
或宾语等。

b. 邻近原则：

如果"只"不在句首，而它后面又是句子结构，那么，此时的"只"的
语义只指向最靠近它的该句子结构的直接成分。

下面的例（20）和（21）遵循话题优先原则，（20）中"只"指向话题"影月"，不指向后面的"让他动了真情"，（21）中"只"指向"一下"。例（22）遵循邻近原则，其中的"只"指向"他"：

（20）没有哪个女人能叫他动情使他用心专一不再到处拈花惹草，只
影月让他动了真情。

（21）小驴揍了她一下，只一下就让她明白：这个人的手远远超过金友。

（22）这个地方以前只他来过。

其实这两条原则陈述的都是"只"位于主语 / 话题前的情况，不同的是，话题优先原则适用于全句的大主语 / 话题，而邻近原则适用于小主语。对"只"位于主语[2]后的情况卢英顺没有作出分析。同时，作者也指出这两条原则只是缩小了指向的范围，

---

[1] 笔者认为这个看法不完全正确，本书在第四章有进一步的分析。
[2] 此处的主语不包含主谓谓语句中的全句主语。

不能彻底分化歧义。如:

> (23) 只浏览那部小说的简写本我都需要两三天。

上例中, "只" 到底指向 "浏览那部小说的简写本" 内部哪一成分? 我们不能确定。

徐以中 (2003、2010) 研究了 "只" 字句的语用歧义问题。他认为 "只" 在同一个句子中有不同的指向,而语义指向的不同主要是语用前提不同造成的。比如:

> (24) 王老师只学过三年英语。

该句中 "只" 至少有三个指向: "英语"、"三年" 和 "学",分别表达三种意思:

> (25) a. 王老师没学过其他外语,王老师只学过三年英语。
>
> b. 王老师学英语的时间不长,王老师只学过三年英语。
>
> c. 王老师没有教过英语,王老师只学过三年英语。

而造成 "只" 的这三个不同指向的原因就是句中不同的语用前提,即上面三句话的前面部分的分句。徐以中还进一步提出了 "只" 字句的歧义的取值范围公式[1]: $q > p \leqslant 2^{n-m-f} - 1$,其中: q 是歧义的取值范围,p 是前提的取值范围: $p \leqslant 2^{n-m-f} - 1$,n 是句中所有的实体性成分,m 是主语成分中的实体性成分,f 是不能成为 "只" 的指向所在的成分。

"只" 字句的歧义问题是 "只" 的语义研究的重要内容,卢英顺和徐以中分别从消歧和歧义探因的角度作了研究,但是关于 "只" 字句歧义的一些重要问题还没有解决,如:

一是 "只" 字句歧义产生的原因究竟是什么? 在以往文献中,研究者几乎都认为 "只" 的语义指向不同导致了 "只" 字句的歧义,徐以中 (2003) 进一步认为语义指向的不同源于语用前提的不同。

那么,同一个句子,语用前提为什么会不同? 是否所有语用前提不同的句子都有语用歧义? 我们如何确定句子的语用前提? 这需要更进一步的解释,才能真正解释造成 "只" 字句歧义的原因。

二是从信息处理的角度来考察,分化歧义,尤其是从理解的角度分化歧义至关重要,一个有歧义的句子,歧义分析只有做到确定一句一义才能供信息处理应用。

---

[1] 该公式是根据 "只" 在主语后的情况分析出来的,对于 "只" 在主语前的情况,作者语焉不详。

语义指向分析能分析歧义，但却不能做到有效排歧，能否有效地确定歧义句在具体语言分析中的意义呢？

徐以中（2003、2010）认为他对"只"字句歧义的形式化描写"有益于消解相应的语用歧义"。但是他的形式化描写其实不具有实际意义。因为在公式 $q > p \leqslant 2^{n-m-f} - 1^{[1]}$ 中，">"和"≤"表示不确定，歧义的范围 q 表示的是无穷大，前提的取值范围 p 也不确定。"不确定"和"无穷大"对数学而言有意义[2]，对语言研究则不具有排除歧义的实际意义。徐以中的分析之所以不能确定歧义，是因为没有回答关键的问题："只"不能指向哪些实体成分和成分组合，为什么不能？

还有一些对比性的研究，也涉及"只"的语义指向，如：陈伟琳（1998）、周小兵（1991）对"只"和"就"的辨析；陈伟琳（1996）、周刚（1999）对"只"、"仅"、"光"的异同分析；卢英顺（1995a）对"只"和"only"的异同比较。这些文章都是辨析性的，对"只"本身的语义研究发掘不深。

总之，前贤对"只"的语义指向虽然有详尽的描写，也从不同的角度有所深化深入，但是，对"只"的语义指向的研究，在理论的突破上还很有限，仍限于对语感的描述。陆俭明（1997）提出的需要研究的"只"的语义指向规律还没有揭示出来，对与其相关的"只"的语义歧指现象也没有很好的解释。如何确定"只"的语义指向，如何有效排除歧义？这些问题也有待深入研究。

1.2.2 焦点研究领域对"只"的研究

近年来，在汉语焦点问题研究中，有时也涉及对"只"的研究，在相关的文献 [如徐烈炯（2004、2005）、玄玥（2004）] 中"只"被看成焦点敏感算子，具有焦点标记的作用，并且随着句子中焦点位置的不同，"只"与不同的焦点关联，句子的真值条件也会发生变化。如：

（26）a. 只 / 只有老张明年放学术假。

　　　 b. 老张只 / 只是明年放学术假。

　　　 c. 老张明年只 / 只是放学术假（徐烈炯用例）。

---

[1]　该公式中：q 是歧义的取值范围、p 是前提的取值范围、n 是句中所有的实体性成分、m 是主语成分中的实体性成分、f 是不能成为"只"的指向成分，前面部分已有说明。

[2]　其实从数学的角度来看，P 的左右两边都比 P 大，这个公式也是不恰当的。

上例中的三个句子，焦点分别为 "只" 后紧接的 "老张"、"明年"、"学术假"，从形式语义学的角度看，这三个句子的真值条件是不同的，如果有老张和老王都在明年放学术假，并且老张不会在其他的时间放学术假，那么 a 假 b 真 c 可真可假；如果老张明年除了学术假还放别的假，比如探亲假，那么 c 假，a、b 可真可假。句子真值的不同在形式语义学那里有重要的语言学价值。

　　焦点研究领域对 "只" 的研究，无疑扩大了我们研究 "只" 的视野，也加深了我们对 "只" 的认识深度。但是由于国内对焦点问题的研究还不充分，对焦点敏感算子的语义特性和语义作用的研究还刚刚开始，目前还没有对汉语焦点敏感算子的系统研究。"只" 作为典型的焦点敏感算子的语义研究几乎还是空白。比如，"只" 的浮动性特征问题、"只" 对句子语义解释的作用问题、"只" 与焦点关联的机制问题等都有待展开研究。由于 "只" 的典型性，这些问题的研究无疑会加深我们对汉语焦点敏感问题的认识，促进汉语焦点理论的深入发展。

1.3　本书研究的问题

　　前人对 "只" 的研究，几乎都把目光投向 "只" 的语义指向这个问题上，对 "只" 的研究在视野上还不够开阔，与 "只" 相关的一些现象还没有被注意到。比如，"只" 能使一些句子成活，如例（27）；也能使一些合法的句子变得不合法，呈现出有意思的现象，如例（28）：

　　（27）a. *一个人站在门口。　　　　张三站在门口。

　　　　　b. 有一个人站在门口。　　　　*有张三站在门口。

　　　　　c. 只一个人站在门口。　　　　只张三站在门口。

　　　　　d. 只有一个人站在门口。　　　只有张三站在门口。

　　（28）a. 这包纸没有五十页。

　　　　　b. *这包纸只没有五十页。

等等。不少关于 "只" 的语言现象还没有受到关注，也没有获得解释。

　　在对 "只" 的语义指向的研究方面，其研究方法也突破不了从句法分布的方面进行详尽的描写，由于语义指向理论本身还没有获得完全的发展，该理论基本上还是一个解释力较弱的理论。比如，在如何判定成分的语义指向上，还只能依靠语感，而没有形式化的可以操作的程序。而在"只"的语义指向的研究上还有一些问题没有得到解决，需要寻求新的突破。

现代语义学中，焦点关联理论的研究取得了丰富的成果，各种语言中，与汉语"只"语义相当的一些词都表现出焦点敏感的特性，如英语中的 only，德语中的 nur、erst。这些焦点敏感算子的语义都得到了深入的研究，不论哪种焦点解释理论都会涉及这些排他性算子的语义解释，而汉语中的"只"还未见作为焦点敏感算子进行系统深入的研究。

因此，本书尝试以焦点理论为背景，从"只"作为焦点敏感算子的角度对"只"的语义进行多方面的研究。一方面是对汉语的焦点关联问题进行算子的个案研究，另一方面，也是引入新的理论对汉语的语义指向问题作出新的观察和解释。

本书主要研究以下几个问题：

第一，介绍分析与汉语焦点敏感算子相关的理论问题，作为全书研究的理论基础。焦点敏感算子在语义上与焦点关联，对句子的焦点结构有重要影响。算子要发挥其作用，与句子的两个部分相联系：一个是算子关联的焦点，一个是算子的辖域。目前，汉语学界对焦点及算子的辖域这两个问题尚无完全一致的意见。因此在理论介绍部分，本书首先一般性地介绍焦点敏感算子的概念内涵以及相关的研究，然后结合汉语的实际，阐明自己对相关问题的看法，主要论及以下几个方面的问题：汉语中的焦点关联现象与焦点敏感算子；汉语语义焦点性质、交际动态性与多焦点结构；汉语焦点的强弱级差、辖域问题。本书第二章对这些问题作出介绍和分析。

第二，"只"作为焦点敏感算子的浮动性特征。

算子的浮动性是指算子在句子中的位置灵活的特点。焦点敏感算子的浮动性是算子重要的句法特征。对于浮动性算子而言，算子的位置与一定的焦点相关联，也与一定的焦点结构相联系。徐烈炯（2001）指出汉语的焦点敏感算子具有位置灵活的特点，算子浮动性是汉语表达焦点的一大手段。算子一般紧靠在焦点成分之前，不能进入名词词组和动词词组之内。刘探宙（2008）还把算子的浮动性作为判定词语具有算子身份的测试标准。

算子的浮动性在"只"的身上有着典型的体现，如"只"在下面的句子中位置十分灵活，并且"只"的位置的变化还伴随着重音的改变和语义重心的转移，例如：

（29）我周末去家乐福买衣服。

（30）a. 只**我**周末去家乐福买衣服。

　　　b. 我只**周末**去家乐福买衣服。

　　　c. 我周末只去**家乐福**买衣服。

　　　d. 我周末去家乐福只买**衣服**。

那么"只"的浮动性有何个性特征？"只"的浮动性有没有什么限制？本书通过"只"和"only"的对比，"只"、"也"和"最"的移动性对比进行说明，同时运用插入法分析"只"在复杂动词结构中的浮动情况，以期廓清"只"在句中的浮动性限制。

　　同时，笔者也发现了与"只"的浮动性相关的一些有意思的现象，试图在本书中对之作出分析，比如：

　　A."只"修饰名词性成分时，可以出现在句首主语或话题[1]前，也可出现在名词谓语前，但是不能出现在宾语名词前，如：

　　（31）只有小李是三好学生。

　　（32）小李家只五口人。

　　（33）＊小李教只英语。

　　B."只"在肯定句和否定句中的分布呈现出不对称，"只"极少出现在否定句中，如：

　　（34）a. ？小李只不喜欢看《红楼梦》。[2]

　　　　　b. 小李只讨厌看《红楼梦》。

　　（35）a. 他只是一个孩子。

　　　　　b. ＊他只不是一个孩子。

　　尤其是在与负极性词（negative polarity items）"从来"共现时，这种不对称更加严格。根据以往的研究，负极性词一般出现在否定的语境中，如：

　　（36）a. 小王从来不唱英文歌。

　　　　　b. ＊小王从来唱英文歌。

---

[1] 主语和话题是不同的概念。汉语的主语和话题经常所指相同，本书不区分这两个具体的概念，只是用它们来指称句首的名词性成分。

[2] 笔者经过小规模调查，调查者一般都认为"只《红楼梦》小李不喜欢看"更加自然。

如果没有否定词允准（license），那么焦点敏感算子比如"都"、"就"、"只"等，也能允准负极性词，但是"只"和其他焦点敏感算子对"从来"的允准情况不一样，当句中有"都"和"就"时，"从来"可以出现在肯定句和否定句中；但是当句中有"只"在"从来"之后允准"从来"时，"从来"却只能出现在肯定句中，不能出现在否定句中，这是非常严格的限制，在所检索的语料中没有一例例外。

> （37）a. 他从来都看小说。
>
> b. 他从来都不看小说。
>
> （38）a. 他从来就看小说。
>
> b. 他从来就不看小说。
>
> （39）a. 他从来只看小说。
>
> b. * 他从来只不看小说。

如果"只"在"从来"之前，情况正好相反，"从来"出现在肯定句中时完全不能接受，但是出现在否定句中，句子的可接受度相应提高。如下例：

> （40）a. * 他只从来看小说。
>
> b. ? 他只从来不看小说。[1]

这些问题都是在以往的研究中没有关注或者较少关注的，本书第三章通过详细描写"只"的分布限制，发现"只"的浮动性特征与限制，同时在"只"的语义分析的基础上，对这些浮动限制尽可能给出合理的解释。

第三，焦点敏感算子"只"的语义解释。

算子"只"的语义解释，人们都认可《现代汉语八百词》的说法，认为"只"表示"除此之外没有别的"，蔡维天曾借鉴 Horn 的预设——断言二分法，给出了"只"的形式语义（具体内容参见第四章）。但是，对"只"的这些解释无法解释下面的语言事实：在肯否对举格式（41）中，两个分句交换算子约束的对象，句子依然是好的，而在（42）和（43）中交换算子的约束对象后，句子就不可接受了。

> （41）a. 他只看过《红楼梦》，没看过《西游记》。
>
> b. 他只看过《西游记》，没看过《红楼梦》。

---

[1] 本例句经过小范围的调查，有人认为可以接受，有人认为意思可以理解，但比较别扭。但是相应的（40a）则一致认为不可接受，不影响对语言事实的说明。

（42）a. 他只当到连长，没有当到团长。

　　　b. *他只当到团长，没有当到连长。

（43）a. 老吴是组长，小李只是组员。

　　　b. *老李是组员，小李只是组长。

和（44a）相应的否定句（45a）完全没有问题，但是和（44b）相应的否定句（45b）则不能理解：

（44）a. 只老张能解决这个问题。

　　　b. 只老张就能解决这个问题。

（45）a. 只老张不能解决这个问题。

　　　b. *只老张就不能解决这个问题。

　　本书从焦点敏感的角度，分析焦点敏感算子在约束焦点时的语义要求，更深入地分析"只"的语义，认为"只"的语义要在具体的用法中考察。焦点敏感算子"只"在句子中有量级用法和非量级用法，究竟是量级用法还是非量级用法与算子约束焦点的特征和焦点所处的上下文语境有关。

　　"只"的量级用法和非量级用法的区分可以对上面的语言现象作出很好的解释，（41）、（42）和（43）三个句子分句交换算子的约束对象后，"只"约束的对象和排除的选项发生了变化。（41）中的"只"约束的焦点与其选项不处在某个量级模型中，可以互相排除对方，因此分句交换约束对象之后，句子仍然成立。但是（42）和（43）中的"只"约束的焦点与其激发的选项处在某个量级模型中，处在量级模型中的焦点只能向上排除比它高的选项，不能向下排除比它低的选项，而交换约束对象后，"只"约束的对象和排除的选项之间的量级高低关系与此不符，因此分句交换约束对象之后，句子不成立。（44a）和（44b）的不同也与"只"的量级用法和非量级用法问题相关。详见第四章的相关论述。

　　能否表达量级是算子的重要功能之一，它可以成为区分算子的语义特征的一个参数。比如，"只"和"最"的区分，"光"、"仅"和"只"的区分，就可以此为参数。详见4.4节。

　　"只"的量级与非量级的用法也对下面两个问题作出了解释：

　　A."只"修饰动词性成分的限制问题。

"只"修饰动词性成分时，不能出现在光杆动词[1]前，甚至也不能出现在不带宾语的述补结构前，如：

（46）a. *这本书我只买。

b. *霓虹灯只闪烁着。

c. *衣服只洗干净了。

但是这些动词性成分后加上一些附加成分，"只"就能在这些位置上出现。如：

（47）a. 这本书我只买了十天。

b. 霓虹灯只闪烁了一下就灭了。

c. 衣服只洗干净了三件。

B. "只"与强势量化词共现的问题。

蔡维天首次在《只和连的形式语义》中谈到"只"不能限制强势量化词的问题。量化词（quantifier）在语义学中指一组表示数量对立的语项，如"所有的"、"有些"、"每个"等，这类语项在构建逻辑系统中有特别重要的意义，语义研究中也常见全称量化，存在量化的区别。在有些语法描写模型中，量化词指一类在名词短语中分布受限的表示数量对立的语项，如"许多"、"几个"等。所谓强势量化词，最早是 Milsark（1974）提出的对量化词的分类概念。英语中有一类量化词不能出现在存现句中，而另一类可以：

（48）a. *There are every people/all people/most people in the room.

b. There are a few people/some people/three people in the room.

（48a）中的量化词就是强势量化词，（48b）中的量化词就是弱势量化词。这种强势量化词和弱势量化词的差别也存在在汉语中，蔡维天认为汉语中的强势量化词不能出现在"只"的辖域中，弱势量化词可以。如：

---

[1] 通过语料库检索只有如下的例句是后面接光杆谓词的，但是从语感上来讲，都不是非常好，只是语义上可以理解，故而勉强可以接受。

（1）不识字的，只看，却见嘴唇也一动一动的。（吕新《圆寂的天》）

（2）但是，只吸烟，只沉默，在当时的情况下，于我是很不自在的。（梁晓声《冉之父》）

（3）星子自小娇生惯养，拿了那糠团子只发怔。（方方《桃花灿烂》）

（4）先只扫射，而后轰炸。（老舍《无名高地有了名》）

（5）八妗子见八舅那样，心中只慌，竭力劝慰他。（张胜利《八舅》）

（49）a. ＊阿Q只骂了每个人／所有人／全部的人。

　　　 b. 阿Q只骂了几个人／一些人／三个人。

但是我们可以发现下面的例子，对蔡维天的结论提出了挑战：

（50）进村后，日本人只杀光了所有的男人。

本书第四章对这两个问题有详细的解释。

第四，焦点对算子"只"的语义制约问题。

前面我们说到对"只"的研究集中在"只"的语义指向的研究上，但是由于语义指向理论本身的发展局限，"只"的语义指向规律还没有完全解释清楚。比如：

　　a. 制约"只"的语义指向的因素是什么，如何制约？

　　b. 如何确定"只"的语义指向？

　　c. "只"的语义指向为什么会引起"只"字句的歧义？

　　d. 如何排除"只"字句的歧义？

　　研究中，我们注意到了"只"的语义指向和"只"的焦点敏感特征密切相关，而且这种相关性对于焦点敏感算子来说具有普遍性。不少研究者都注意到了副词的语义指向和焦点问题密切相关，如胡树鲜（1982）、钱敏汝（1994）、沈开木（1996）、周刚（1998）、李宇明（2000）、杨亦鸣（2000）、徐烈炯（2001、2005）、徐以中（2003）和玄玥（2004）。徐烈炯甚至把算子的语义指向和焦点敏感视为同一个问题。[1]

　　所以本书也借鉴焦点关联理论来研究"只"的语义指向问题，在分析"只"的语义指向和焦点关联之间的内在联系之后，对上面有关"只"的语义指向问题作出研究。通过考察不同的焦点表达手段对"只"的语义指向的制约，发现"只"的语义指向规律，确定判断"只"的语义指向的程序，利用 Rooth 的选项语义学对"只"和其指向对象之间语义关联的机制进行解释，并试图推广到对所有焦点敏感算子的

---

[1] 徐烈炯的原文是：这类例子（按：指含有焦点敏感算子的句子）中（a）（b）（c）三句（笔者按：指含有同一焦点敏感算子的不同实例，见下面的例子）的真值条件往往不一样，哪些词语是焦点敏感算子取决于语义。用汉语语法学界的话说，这些词有语义指向，但是不把语义指向与真值条件联系起来。（徐烈炯＆潘海华，2005：26）

（a）总是老张星期一开校车。

（b）老张总是星期一开校车。

（c）老张星期一总是开校车。

语义歧指现象的解释方面。这是本书第五章的研究目标。

1.4 本书研究的意义

本书尝试以焦点理论为背景，从"只"作为焦点敏感算子的角度对"只"的语义进行多方面的研究。一方面是对汉语的焦点关联问题从个案方面进行研究，另一方面也是引入新的理论对汉语的语义指向问题作出新的观察。其意义在于以下几个方面：

一是首次以焦点关联理论为背景，对汉语的焦点敏感算子的语义进行较为全面的个案研究。丰富了汉语的焦点关联理论的研究，为汉语的虚词研究提供了一条新的研究思路和分析模式。

在形式语义学中，焦点敏感现象是一个重要的研究领域，英语等语言中的焦点敏感算子已经得到了很充分的研究，取得了很多重要的研究成果。而汉语中的焦点敏感算子却没有受到足够的重视，只有徐烈炯（2001、2005）、潘海华（1999、2003、2005）和黄瓒辉（2004）等少数研究。焦点敏感算子及其相关理论是一种基于句法结构的语义分析，这是汉语语义研究和虚词研究中的薄弱环节。汉语的语义研究，特别是虚词的语义研究，过去主要采用传统的方法如词义描写、义素分析、词语搭配、同义辨析、基本义和派生义系连等来进行研究。与句法结构相关的虚词语义研究相对来说比较薄弱。现代汉语中的焦点敏感算子研究属于这方面的一个具有开创意义的课题。而"只"作为典型的焦点敏感算子，对它的语义研究尤其重要。

二是丰富了汉语语义指向理论的内容，拓展了汉语语义指向研究的视野。语义指向理论是汉语语法学界在探索语法形式和意义相结合的过程中发展出来的重要的语言理论和语法研究方法。它着眼于语法的形式和意义的不一致性，分析"相同的句法结构关系"中"不同的语义结构关系"，在分析歧义结构、分析句子的合语法条件和解释某些语法现象方面有重要的作用。

副词的语义指向是语义指向研究的重要领域，可以说，语义指向理论是在副词研究的过程中萌芽、产生并发展起来的。从理论上说，凡是涉及语义指向分析理论研究的文章，都不可避免地涉及副词的语义指向问题。有关副词的语义指向理论分析是语义指向理论的主要内容之一。

限定副词"只"的语义指向研究是整个副词语义指向研究领域的重点，对"只"的语义指向的研究必将丰富现代语义指向研究的内容，而采用焦点解释理论来解释"只"的语义指向的制约规律，把语义指向研究与形式化的焦点语义分析模式结合起来，吸取焦点敏感算子及其相关理论优点，也是对语义指向研究理论的丰富和完善，拓展了汉语语义指向研究的视野。

三是为中文信息处理提供可利用的语义研究成果。焦点敏感算子及其相关理论对算子的语义分析具有高度形式化、可计算化的特点，分析的结果可以直接运用到计算机信息处理中去。本书对"只"的语义指向的优先序列的研究也可以为计算机排歧提供可应用的成果。

1.5 本书的语料来源及例句标记

本书的语料有三个来源，一是转引自相关的文献，二是从北京大学中文系现代汉语语料库检索而来，三是作者自造。在综述前人的相关研究时，一般都引用原文的例子，文中不做特殊的说明。在证明自己的观点时，前两种语料都注明出处，自造的语料不做说明。第三章"只"的浮动性考察，由于采用的是北京大学现代汉语教研室主编的《现代汉语》语法结构分类体系，所以在考察的过程中，采用的例句也基本上来源于该教材，未做一一标记。

本书例句分节编号，在例句的标记上，"*"表示该句不可接受或者在一定条件下不合适。"？"表示这种说法可接受性值得怀疑，或者不是可普遍接受的。例句中的焦点有两种标记方式：一种是加粗，英文则用大写；另一种用方括号加下标 f。多用前一种，只在必要的证明场合用后一种。成分前加"`"表示重音所在。

第二章　与汉语焦点敏感算子相关的理论问题

本章介绍前人对相关理论的研究，结合汉语的实际，吸收前人的理论营养，阐明笔者对相关问题的看法，为下文的论述做理论上的准备。由于文献中有关的问题，尤其是关于焦点的性质分类问题学界还没有达成一致的意见，因此，在介绍相关的理论的时候，我们一般先对文献作简单介绍，然后展开分析，表明笔者对相关问题所持的基本观点，作为后文分析研究的理论依据。

2.1　焦点关联现象与焦点敏感算子

2.1.1　焦点关联现象和焦点敏感算子的所指

焦点关联（association with focus）现象是形式语义学研究焦点时关注的核心问题之一。现代形式语义学之一的真值条件语义学认为，句子的真值条件就是句子的语义，因此，他们对焦点的研究集中在焦点如何影响句子的真值这个问题上。

很多语义学家发现，在有些句子中，焦点的位置不同不会影响句子的真值条件；而在有些句子中，焦点在句中的位置不同会导致句子的真值条件不一样，下面是Rooth（1985: 16）中的经典例子：

（1）a. Carl likes **Herring.**

　　　卡尔喜欢 **Herring。**

　　b. **Carl** likes Herring.

卡尔喜欢 Herring。

（2）a. I only claimed that Carl likes **Herring**.

我只说过卡尔喜欢 **Herring**。

b. I only claimed that **Carl** likes Herring.

我只说过**卡尔**喜欢 Herring。

（1）中的 a 和 b 的真值条件没有什么不同，无论在什么情况下，它们或者同时为真，或者同时为假，如果把 a 和 b 看成焦点位置不同的同一个句子的话，我们看到焦点不能影响该句子的真值，只是说话人强调的重心不一样。（2）中 a 和 b 的真值条件则不同，假设说话人曾表示自己也像卡尔一样喜欢 Herring 这种啤酒的话，那么 b 是假的，a 却可以是真的；如果说话人说过卡尔也喜欢其他牌子的啤酒，那么（2）中 a 是假的，b 却可以是真的。（2）中 a 和 b 的唯一差别就是焦点的位置不同。这种焦点的位置影响句子语义的真值条件的现象，语义学家们称之为"焦点关联现象"（Jackendoff，1972；Rooth，1985、1992）。

焦点关联现象是各种语言中普遍存在的现象。与上面例子对应的中文句子的真值也随着句子的焦点的变化而变化，读者可以自己体会。再看一个中文的例子：

（3）a. 他不**吃**饭，（他做饭）。

b. 他不吃**饭**，（他吃**面包**）。[据李宝伦＆潘海华（1999）例句改]

在（3）中，a 中的焦点是"吃"，"不"否定"吃"，句子的意思是，在所有他对"饭"所做的事情中不包括"吃饭"；b 中的焦点是"饭"，"不"否定"饭"，句子的意思是，在所有他所吃的东西中不包括"饭"。在上面的例句中，括号里的后续句明确地显示了这种语义差别。

焦点的位置之所以会对句子的语义真值产生影响，主要是句子中有一些能与之发生关联的成分，这些成分被称作"焦点敏感算子[1]（focus-sensitive operator）"。在焦点的研究文献中，焦点敏感算子指的是那些与句中的焦点相关联，从而使得句子因焦点位置不同而语义解释也不一样的词。例（2）中的 a 和 b 之所以会有真值条件的差别，原因就在于句子中的 only 的语义跟焦点关联。（2）中 a 的焦点是

---

[1]　焦点敏感算子在文献中有不同的称说，Krifka（1993）称为 focusing operators（焦点算子），Rooth（1996）称为 focusing adverbs（焦点副词），König E（1991）称为 focus particles（焦点算子）。

Herring，only 与之关联，only 语义的排他性就作用于焦点 Herring 上，因此只有当 Carl 喜欢的只是 Herring 时，句子才是真的；同样的，（2）中 b 的焦点是 Carl，only 的关联对象也随之变为 Carl，其语义排他性作用在 Carl 上，句子的真值条件就是：只有 Carl 喜欢 Herring。例（3）中的 "不" 也是一个焦点敏感算子。

2.1.2　焦点敏感算子的特性

Partee（1991、1999），Rooth（1996）详细地研究了英语中的各种焦点敏感结构（focus-sensitive constructions），Hajičová，Partee & Sgall（1998）列举了英语中的许多焦点敏感算子。据他们的研究，英语中的问答对（Question-answer congruence）、焦点副词（Focusing adverbs）、量化副词（adverbs of quantification）、情态词（modals）、推理和反事实句（Reasons and counterfactuals）、泛算子（generic operators）、频率副词（frequency adverbs）、情感事实语及态度动词(emotive factives and attitude verbs)等，都是对焦点敏感的结构。[1]

徐烈炯（2005）认为出现在这些英语结构中的 only、always、if、must、most often、why、it is odd 等都是焦点敏感算子，汉语中语义上与之相当的 "只、总是、如果、要是、必须、通常、为什么、很奇怪、真的、居然、竟然" 等也是焦点敏感算子。

这些不同的词语为什么会被冠以焦点敏感算子的名称，它们有什么特性？

根据 König（1991），Partee（1991、1999），Rooth（1996），Hajičová, Partee & Sgall（1998），Beaver，David & Clark，Brady（2003）对焦点敏感算子的研究，焦点敏感算子的共同特点是 "必须与句中的某一个成分有关联（association）"（徐烈炯 & 潘海华，2005：24），这个关联的成分就是句子的语义焦点。算子出现在句子中能够影响句子的真值，是它们被命名为 "焦点敏感算子" 的唯一理由，即语义因素是决定一个词语是否为焦点敏感算子的唯一因素。[2]

从语义上来看，焦点敏感算子有两个特点：①句子中是否有算子出现决定了句子焦点的位置是否影响句子的真值。②它出现在句中时，必须与句子中的某个成分有关联，这个成分是语义焦点。这两个特点是所有语言中焦点敏感算子的普遍特征，也适合汉语的情况。

---

[1]　李宝伦、潘海华 & 徐烈炯（2003）对它们有中文介绍。

[2]　徐烈炯（2001、2005）认为汉语中 "哪些词语是焦点敏感算子取决于语义"，其意也当作如是观。

König（1991）通过对英语和德语中焦点敏感算子的研究，认为焦点敏感算子有一些共同的句法特性，最主要的句法特性就是它们位置灵活，以 only 在句中的位置可见一斑。例（4）清楚地向我们展示了 only 在句子中的不同的位置：

（4）a. Only **Fred** could have shown the exhibition to Mary.

　　b. **Fred** only could have shown the exhibition to Mary.

　　c. Fred could only have **shown** the exhibition to Mary.

　　d. Fred could have shown only **the exhibition** to Mary.

　　e. Fred could have shown the exhibition only to **Mary**.

　　f. Fred could have shown the exhibition to **Mary** only.

同时，例（4）也向我们展示了焦点敏感算子的另一个重要的共性特征，即算子在句中的位置变化与句子的焦点结构相互影响。在例（4）中，only 在句中的不同位置与句子的不同核心语调（nuclear tone）位置相联系，同时也导致了句子的不同语义解释。不同的算子位置和核心语调位置，使得算子与句子中的不同部分关联。这意味着算子的位置与一定的焦点相关联，也与一定的焦点结构相联系。这一点在下面 3.2 节详细讨论。

虽然焦点敏感算子在句法语义上有以上的共性特征，但是，焦点敏感算子内部却不是匀质的，这一点在对焦点问题的研究中已逐步成为学者们的共识。König（1991: 15）说"Our classes of focus particles are by no means homogeneous ones"。他把语言中的焦点敏感算子分为加合性算子和限制性算子两类，两类算子的句法语义特性不同：加合性算子是容他性的，限制性算子是排他性的，加合性算子不是影响真值条件的（non-turth-conditional），而限制性算子则是与句子的真值条件有关的（make a contribution to the truth conditions of a sentence）。

Beaver（2003）也认为 always 作为焦点敏感算子和 only 作为焦点敏感算子的性质有所不同，尽管在很多时候二者在句法语义上有一致之处，甚至可以替换使用。比如，下面两句话语义相同：

（5）a. Mary only took **John** to the movies.

　　b. Mary always took **John** to the movies.

但是 Only 总是与句中的信息焦点关联，always 却不一定。[1]Only 是具有焦点功能性的（focus-functional），而 always 则具有焦点敏感性（focus-sensitive），在对它进行语义结构描写时，对其限定式[2]的确定必须依靠语境的因素。

徐烈炯（2001、2005）比较了英语和汉语在焦点敏感算子方面的两个不同特征：①英语的焦点敏感算子在句法上属于不同的句法语类，汉语中用作焦点敏感算子的词语绝大多数是副词。②英语中算子的句法位置往往比较固定，汉语中算子的位置灵活，具有浮动性特点。徐烈炯对算子浮动性的看法和 König（1991）不同，是对不同算子具有不同个性这一特点的很好注脚。[3]说明算子的句法位置还是一个需要深入研究的课题。

综上所述，焦点敏感算子之间既有共性也有个性。其共性表现在：①算子在语义上必定与句子中的焦点相关联，从而对句子的语义解释产生影响。②算子的位置与一定的焦点相关联，也与一定的焦点结构相联系。而具体的算子如何与焦点关联，如何影响句子的语义解释和焦点结构，则随算子的不同而表现出不同的个性特征。

焦点敏感算子对句子的语义影响依赖于对句子中与其相关的两个成分的解释：一是算子关联的焦点；一是算子的辖域（scope）。在下文的 2.2 和 2.3 节中，我们讨论与语义焦点相关的问题，在 2.4 节讨论辖域问题。

---

[1]　Beaver 用下面的例子说明了这种差别，（1）和（2）的不同仅在于句中一个用的是always，一个用的是 only，如果二者性质相同，那么二者的解释相同，但是如下所示，它们并不相同：

> （1）Mary always managed to complete her [exams]$_F$.
> 　　a. "Whenever Mary took exams, she completed them."
> 　　b. ? "Whenever Mary completed something, it was invariably an exam."
> （2）Mary only managed to complete her [exams]$_F$.
> 　　a. *"What Mary did when taking exams was complete them and do nothing else."
> 　　b. "What Mary completed was an exam and nothing else."

[2]　限定式是焦点三分结构中的一个组成部分，根据 Partee 等人的研究，句子的焦点结构是由算子、限定域和核心域组成的三分结构，关于三分结构的具体内容参见 Partee（1991）和本书的2.5 节。

[3]　实际上，英语和汉语中被认为是焦点敏感算子的词语都有可以浮动和不可浮动的特征。比如英语中的 must 在句中的位置就是固定的，汉语中的"最"在句中也是固定的。徐烈炯和 König的结论都有合理之处也有偏颇的地方，需对具体算子的句法位置作出考察。

2.2　算子关联的焦点——语义焦点的性质

文献中把句子中焦点敏感算子关联的焦点称为语义焦点。这一概念最早由 Gundel（1999）在他的重要论文 "On Different kinds of focus" 中提出。他在该文中对文献中所用焦点的概念内涵做了简明的梳理，区分了心理焦点（psychological focus）、语义焦点（semantic focus）和对比焦点（contrastive focus）三种不同的焦点类型。指出语义焦点是与句子的真值相关（truth-conditionally relevant）的焦点，它们在句子中的位置会影响句子的真值。自那以后，文献中就用 "语义焦点" 来指称焦点敏感算子所关联的焦点。尽管大家所说的语义焦点所指相同，但是对于概念所指本身的性质看法却不一样。

2.2.1　关于语义焦点性质的几种不同观念

从现有的文献来看，在焦点的性质分类方面，最普遍的是区分信息焦点和对比焦点。[1] 徐烈炯（2005）认为对比焦点和信息焦点属于两种不同的语用概念。信息焦点表达新信息，是句子中必有的，而对比焦点的特点是说话者头脑中有一个范围，说话者为了突出强调或对比的目的，从这个范围中挑出一个（或几个）对象，排除其他对象。

对比焦点和信息焦点的区分可以用 É. Kiss（1998）的并列结构测试和否定结构测试。[2] 并列结构测试如下例所示，（6）中是对比焦点，（7）中是信息焦点，其中（6a）不能蕴涵（6b），而（7a）可以蕴涵（7b）。这说明蕴涵关系可以存在于信息焦点之间，不能存在于对比焦点之间。

　　（6）a. It was **a hat and a coat** that Mary picked for herself.

---

[1]　据徐烈炯（2005），国外语言学界1998年发表的三篇文章都强调区分信息焦点和对比焦点。但是所用术语不尽相同。Vallduví & Vilkuna（1998）用 rheme 称信息焦点，用 kontrast 称对比焦点。É.Kiss （1998）用 information focus 和 identificational focus；而 Roberts（1998）则用 informational focus 和 operational focus。几篇文章的术语不尽相同，关于对比焦点的外延也不一致。

[2]　据 Kiss（1998）的文章，并列结构测试最早由 Szabolcsi（1981）提出，否定结构则由 Donka Farkas 提出。Donka Farkas 在哪一文献中提出则没有说明。笔者限于查找外文文献的诸多困难，也没有查到该文献。

  b. It was **a hat** that Mary picked for herself.

（7）a. Mary picked **a hat and a coat** for herself.

  b. Mary picked **a hat** for herself.

否定结构测试则是在对话中的情况。双方交谈时，一方可以通过补充信息量的方式否定另一方话语中的对比焦点，但是不能否定对方话语中的信息焦点。Kiss 例证如下：

（8）A: It was **a hat** that Mary picked for herself.

  B: No, she picked a coat, too.

（9）A: Mary picked herself **a hat**.

  *B: No, she picked a coat, too.

  语义焦点是什么性质的焦点？从讨论焦点分类的文献来看，大致有三种看法：

  一是以徐杰（2001）为代表，认为所有语言学意义的焦点在性质上只有一种，就是"讲话人基于自己的判断，认为它相对重要并决定通过语法手段强调的成分"。它是"语法化了的语用语义特征"。语言学意义上的焦点是"一个纯形式的语法范畴，亦即焦点特征（码化为〔＋F〕）"。

  二是以 Gundel（1999）为代表，认为语义焦点是信息焦点。他对语义焦点下的定义如下：

   Semantic focus is the part of sentence that answers the relevant wh-question（implicit or explicit）in the particular context in which the sentence is used .语义焦点是句子的一部分，该部分是对使用该句子的特定语境中（隐含的或明确的）的相关特指疑问句的回答。

Gundel 在文中还强调语义焦点是表达新信息的焦点。语义焦点是一种关系性的概念，这个概念反映由句子表达的事件或事态等信息内容的表达（或包装）方式和句子真值的评定方式。它可以由重音、语序、助词（particle）及其组合形式等手段表达。Gundel 关于语义焦点的观念被黄瓒辉（2004）采用。

  三是以徐烈炯（2001、2005）为代表，认为语义焦点是对比焦点。徐烈炯（2001、2005）指出语义焦点的概念最早由 Gundel 提出，但是徐烈炯把语义焦点看成是"一种特殊的对比焦点"。

究竟语义焦点是一种什么性质的焦点？本书下面对汉语的情况作出分析。[1]

2.2.2 汉语语义焦点的性质

汉语中的语义焦点是什么性质的焦点？笔者认为汉语的焦点在性质上只有一种，都是句子中负载新信息的部分。语义焦点除了在语义上与焦点敏感算子关联之外，在本质上也没有任何特殊之处。而一个焦点是否与算子关联，不取决于焦点本身，而取决于算子的语义特征和句法行为。

笔者关于汉语语义焦点的性质认识是基于与前人对汉语焦点性质的不同认识提出来的，下面笔者将简单介绍前人关于汉语焦点性质类型的观点，并对自己的观点作出分析和证明。

2.2.2.1　前人关于汉语焦点性质分类的研究

关于汉语焦点的性质，基本上有两种看法：一种认为汉语的焦点有不同的性质，至少必须区分对比焦点和信息焦点，以方梅（1995）为代表，刘丹青 & 徐烈炯（1998）有所深化，徐烈炯（2001、2005）更进一步把对比焦点做了语义功能上的细分。另一种则认为汉语的焦点在性质上只有一种，它本身是心理现象，是说话人认为语义重要而加以强调的信息，进入表达的层面后与句法发生关系。郑良伟（1983）和徐杰（2001）是这种观点的代表。

方梅（1995）认为汉语中有常规焦点和对比焦点两种类型，二者的根本差别在于预设不同：预设是听话人和说话人双方共同知晓并认可的前提。如果句子的预设是 "有 X" 整个句子是要说明这个 X，这时候焦点成分是呈现性的，属于常规焦点；如果说话人预设听话人认为某事是 B 而实际应该是 A，说话人说出这个句子的目的在于指别 "是 A 而非 B"，这时候句子的焦点就是对比性的，属于对比焦点。常规焦点带常规重音，主要是引入新信息，它遵循尾焦原则，居于句末；对比焦点带对比重音，是上文或语境里已经直接或间接引入了的，主要是强调对比，对比性的话题成分，或者 "是" 标记的非话题成分都是对比焦点。如下的两个问句是体现二者区别的典型例子，a 中的 "谁" 是常规焦点，问句相当于 "王朔是什么人？"，要求与说明性的句子相配；b 中的 "谁" 是对比焦点，问句相当于 "哪个人是王朔？"，

---

[1]　之所以仅对汉语的情况作出分析，是因为本书的目的不在于对焦点问题本身进行研究，而只是以焦点理论作为理论工具分析汉语中的 "只" 的语义，本章只是为了下文的需要对汉语焦点关联的基本面貌做个勾勒。

要求指别性的句子与之相配：

　　（10）a. 王朔是谁？

　　　　　b. 谁是王朔？ 方梅（1995：74）

　　徐烈炯 & 刘丹青（1998）认为焦点是说话人最想让听话人注意的部分，它与背景相对。跟句内背景相对的焦点具有"突出"的作用；跟句外背景相对应的焦点具有"对比"的作用。依据 [± 突出]、[± 对比] 两大话语功能为参项可以把焦点分为自然焦点、对比焦点和话题焦点，见表 1。

表 1

	自然焦点	对比焦点	话题焦点	非焦点
突出	+	+	−	−
对比	−	+	+	−

　　自然焦点相当于方梅所说的常规焦点，话题焦点就是方梅所说的对比性的话题成分，它和对比焦点的并集的所指与方梅的对比焦点所指相同。（11）中的"白酒"就是话题焦点：

　　（11）老王连**白酒**也喝。

　　徐烈炯（2001、2005）进一步把某些句中与焦点敏感算子关联的焦点从对比焦点中分离出来，把焦点分为信息焦点、对比焦点、话题焦点和语义焦点四种。信息焦点反映新信息，新信息和旧信息的区分以问答句中的表现最明确。对比焦点是从某一个范围中选出的具有对比性的焦点，往往具有穷尽性和排他性，可以用 Kiss

（1998）提出的并列结构测试和否定测试 [1] 来判断。话题焦点是特殊的位于动词之前的对比焦点，也就是对比性的话题。语义焦点也是对比焦点的一种，是与句中的焦点敏感算子相关联的焦点，它与句子的真值表达有关。例（12a）中的 "烈性酒" 位于句末，是信息焦点；（12b）中的 "烈性酒" 带对比重音，是对比性的次话题 [2]，为话题焦点；（12c）中的 "烈性酒" 由 "是" 标记，是对比焦点；（12d）中的 "烈性酒" 与焦点敏感算子 "只" 关联，是语义焦点：

（12）a. 老张不喝**烈性酒**。

---

[1] Kiss（1998）指出许多语言中对比焦点都具有穷尽性（exhaustiveness）和排他性（exclusiveness）的特点，可以通过句法测试得到验证。徐烈炯（2001）认为汉语的对比焦点也可以采用这两个测试来验证。

并列结构测试：

（1）a. 老王不喝白酒和啤酒。

　　b. 老王不喝白酒。

（2）a. 老王白酒和啤酒都不喝。

　　b. 老王白酒不喝。

（3）a. 白酒和啤酒老王都不喝。

　　b. 白酒老王不喝。

（4）a. 老王不喝的是白酒和啤酒。

　? b. 老王不喝的是白酒。

四句中 a 的 "白酒和啤酒" 和 b 的 "白酒" 是不同的语用成分。只有（4）中的 a 不蕴涵 b，所以（4）中 "是" 标记的焦点是对比焦点，"是" 是焦点标记，所标记的焦点具有排他性；而（1）中是信息焦点，（2）和（3）中是话题，a 都蕴涵 b，不具有排他性和穷尽性，不是对比焦点。

否定测试：

（5）a. 老王不喝的是白酒和啤酒。

　　b. 不，老王不喝的是白酒。

（6）a. 老王不喝白酒和啤酒。

　? b. 不，老王不喝白酒。

（7）a. 白酒和啤酒老王都不喝。

　? b. 不，白酒老王不喝。

（8）a. 老王白酒和啤酒都不喝。

　? b. 不，老王白酒不喝。

（5）中的是对比焦点，具有穷尽性才能被否定；而（6）中是信息焦点，（7）和（8）中是话题，都不能被否定，可见没有对比焦点的穷尽性和排他性的特点。

[2] 刘丹青、徐烈炯所指的话题不仅是句首成分，也包括谓语动词前的非句首位置成分，一个句子可以有主话题、次话题和次次话题。详细的内容参见刘丹青 & 徐烈炯（1998）《话题的结构和功能》。

b. 老张｀**烈性酒**不喝。

c. 老张是**烈性酒**不喝。

d. 老张只不喝**烈性酒**。

方梅和徐刘基于焦点成分在句中的不同表现手段和语义特征，对焦点做出了不同的性质划分，反映了汉语焦点的某些特征。但是焦点的表现手段和语义特征不同是否就能证明焦点具有不同的性质呢？郑良伟和徐杰有另外的看法。

郑良伟（1983）[1]把焦点看成是"一个语义概念，一种心理现象。是说话者在说话的当时希望引起听话者特别注意的内容"。焦点表达出来后，它就由心理现象转变为句法问题。成为话语表达中的语意重点，也就是"句子成分中有可能被别的成分所代替，而成为说话时最受重视与关心的成分"（李英哲、汤廷池、郑良伟，1983：53）。

徐杰（2001）认为焦点在性质上只有一类，就是"讲话人基于自己的判断，认为它相对重要并决定通过语法手段强调的成分"。它是"语法化了的语用语义特征"。语言学意义上的焦点是"一个纯形式的语法范畴，亦即焦点特征（码化为〔＋Ｆ〕）"。不同的焦点只有因受强调程度的不同而有强弱的差别，程度的高低，而没有根本性质的对立。从横向来看，一个简单句可以有多种焦点，但各焦点有主次之分；从纵向来看，不同的句法格式表现焦点的程度有强弱之别。一个简单句只有一个强式焦点，在多焦点句中，强式焦点和主焦点重合。弱式焦点由语音系统处理，强式焦点由语法系统处理。焦点特征在句法运算中必须得到核查。不同语言的形式语法系统会驱动各种不同的语法操作，形成跟焦点相关的种种语法形式，即焦点形式。徐烈炯＆刘丹青所说的种种不同性质的焦点，其实是不同语法形式表现的同一性质的焦点。

2.2.2.2　我们的分析和证明

虽然方梅和徐烈炯的观点以汉语焦点的句法表现为基础，反映了汉语焦点的某些句法语义特征，但是从焦点本质上说，方梅所谓的指别性和说明性难以有明晰的界限。更重要的是指别性的成分同样也提供新信息。徐烈炯关于汉语焦点的性质和分类基本上是在参照其他语言的焦点表现而对汉语作出的思考，对汉语的焦点表现

---

[1]　该文本身并不是讨论焦点分类的，而是讨论汉语的焦点表达手段的，但是该文讨论焦点的表达手段没有像其他文章一样根据不同的焦点类型来讨论，而只是提出了一个关于焦点的基本概念，所以笔者认为郑良伟先生实际上是持焦点只有一种的观念的。

手段有深入的观察分析。不过徐烈炯的分类缺乏明晰性，存在一些问题，我们下文将会有详细的论述。因此本书赞同焦点的性质只有一种的观点，并将在此基础上讨论焦点敏感算子"只"的语义问题。

焦点本质上是一个话语功能的概念，这是很多人认同的，也是考虑焦点性质的出发点。话语的基本功能就是传递信息，信息的新旧与信息量的大小是信息传递过程中受到关注的核心内容。新信息往往是言谈者最关心最重视的重要信息，而旧信息则往往是非重要信息。自然新信息成为言谈者关注的重点，天然具有焦点的资格。上面所说的无论哪一种焦点本质上都是新信息。

这可以从以下几个方面获得证明：

一是虽然很多研究者都区分不同的焦点，但是在具体确定句中哪个成分是焦点的时候，采用的方法却只有问答法，或者重音标记，并不是不同类型的焦点采用不同的判定方法，而且问答法已经成为确定焦点的通行做法。

采用问答法确定焦点，背后的理据是什么？问答法中被确定为焦点的部分，在问句中是疑问词（或者选择性短语等疑问形式），在答句中是相应的对疑问词（或疑问形式）的回答（吕叔湘，1985）。如果从传递信息的角度来看，问句中的疑问词代表的正是说话人想获得的新信息，答句中与疑问词相对应的成分正是答话人依据问话人的需要传递的新信息。它们具有共同的特征——不为说话双方共享。疑问句中，疑问词是说话人假定听话人知道但自己不知道的信息，答句中是说话人假定对方不知道而自己知道的信息，也是不共享的新信息。所以采用问答法确定焦点的做法，实际上是确定哪一部分是新信息。这说明，尽管研究者对焦点做出了种种分类，但是都认同了焦点本质上都是新信息的观点。

依靠重音确定焦点同样也证明了这一点，重音是韵律上突出的部分，韵律突出不过是为了引起对方的关注。如果确切地知道对方已经知道某些信息，就不会过分强调，所以希望引起对方关注的当然也会是认为对方所不了解的新信息了。

二是坚持信息焦点和对比焦点区分的学者，往往会说汉语的信息焦点在句法允许的情况下处于句末，下面是徐烈炯（2001）用问答法证明信息焦点和对比焦点具有不同语义特性的例子：

（13）A：老张不喝什么酒？

B：a. 老张不喝烈性酒。

　　　　b. ? 老张烈性酒不喝。

　　　　c. ? 烈性酒老张不喝。

徐烈炯认为（13）B中与问句A相对的合适的答句只能是a，不能是b和c。原因是"烈性酒"是对"什么酒"的回答，是信息焦点，所以应该位于句末，以此证明汉语的信息焦点处于句末。但是如果我们采用不同的问句，b和c都可以是对疑问部分"什么酒"的回答：

　　　（14）A：老张什么酒不喝？

　　　　　　B：a. 老张烈性酒不喝。

　　　　　　　　b. ? 老张不喝烈性酒。

　　　（15）A：什么酒老张不喝？

　　　　　　B：a. 烈性酒老张不喝。

　　　　　　　　b. ? 老张不喝烈性酒。

由此可见，上文例（13）（14）和（15）中的b和c不是合格的答句的原因，并不是因为它是信息焦点应该位于句末，而是因为汉语的疑问句中疑问词是原位的，它要求问句和答句语序一致，答句中作为焦点的新信息"烈性酒"的位置取决于与之对应的疑问成分在问句中的位置。以问答法确定的信息焦点会处在句子的任何部分。徐烈炯也承认信息焦点可以不处于句末，因为有时句法不允许，此时信息焦点会以重读表示。如：

　　　（16）a. **老张**明年退休。

　　　　　　b. 老张**明年**退休。

　　　　　　c. 老张明年**退休**。

　　这就否定了他自己在前面的论断，因为，如果坚持信息焦点处于句末的话，就应该把"老张"、"明年"看成另外的一种焦点。只有"退休"是信息焦点，如果认为"老张"、"明年"是信息焦点，理由是什么？大概也只能说因为它们能回答"谁"、"什么时候"，如果能回答相应的问题就是信息焦点，我们就不能坚持认为："老张烈性酒不喝"和"烈性酒老张不喝"中的"烈性酒"是对比焦点之一的话题焦点。而假设我们认为焦点都是信息焦点，可以出现在句中任何位置，上面的矛盾就不复存在。

承认汉语的信息焦点可以处于句中的任何位置，会导致另一个理论问题 —— 汉语是否违反了人类语言信息传递的普遍性原则 —— 尾焦原则？

自然语言信息分布的重要倾向性特点是，它遵循"旧信息 — 新信息"的信息传递或表达模式，符合人类认识事物从旧到新的思维规律。在这个倾向性原则的作用下，新信息往往处于句末的位置，也就是焦点居于句末，这就是尾焦原则。我们假设汉语中的焦点性质上只有一种，就是信息焦点，并且可以处在句中任何位置，是否意味着汉语不遵循这一普遍原则呢？

我们认为尾焦原则是跟人类的认知规律相关的，反映了人类语言信息结构的普遍倾向性，汉语同样遵守人类语言的普遍原则，但是尾焦原则在汉语中有其适用范围。

新旧信息在不同的信息传递方式中的组配方式不相同。在交互式的交际场景中，交谈的双方采用问答式，在问句中新信息为说话人搜求的信息，疑问点是针对说话人而言的，答话人根据问话人的诉求，提供对方（问话人）需要的新信息，此时新信息的出现受到问答句结构一致性要求的制约，焦点会出现在与疑问词相对应的位置。汉语疑问词在句中的位置是自由的，相应的，答句中的焦点位置也就是变动不居的。在单向的告知式场景中，说话人是主动告知对方自己认为对方不知道的信息，新信息是对听话人而言的，信息的编码按照从旧到新的原则才能为对方所理解接受，此时尾焦原则起作用。以上面（13）中的答句 [重述如（17）] 来分析：

    （17）a. 老张不喝烈性酒。

         b. 老张烈性酒不喝。

         c. 烈性酒老张不喝。

如果是用在主动告知的场景，往往是 a 比 b 和 c 更加容易为人接受，因为"喝"作为新信息的条件比"烈性酒"或者"老张"差，为什么？一般来说，宾语名词和动词往往有选择关系，这种选择关系使得有时候动词为宾语名词所蕴涵，邢福义先生曾有过"名词赋格"的观点，是对宾语和动词的关系的很独到的见解。当我们说到"烈性酒"的时候，"喝"的意思差不多就在里面了，即使还有其他的动词"酿"、"买"、"卖"等，信息量也是很小的。因为信息量的大小与同类聚合中的成员的个数相关，聚合中的成员数越多，不确定性就越大，那么被选中的成员负载的信息量就越多。所以"烈性酒"比"喝"负载的信息量要大，遵循尾焦原则居于句末。

三是即使徐烈炯强调区分信息焦点和对比焦点，也说"信息焦点和对比焦点虽然是两个不同的概念，却并不一概互相排斥"。他引用了两个人的说法作为证明（徐烈炯、潘海华，2005：18）：

一个是 Vallduví & Vilkuna（1998）明确指出"有些词语可以既表达新信息，又起对比作用"。比如，一个人家里养着一只猫和一条狗，在如下的对话中，"答句中的 dog 既是信息焦点又是对比焦点"。

（18）A: What did you see？（你看见了什么？）

B: I saw only the dog.（我只看到了狗。）

另一个证明是 Erteschik-Shir（1997）指出的：没有上下文的单句，往往难以分辨信息焦点和对比焦点。

这既表明信息焦点和对比焦点之间很难有明晰的分界，同时也是对区分两种焦点从理论上的否定，因为之所以区分两类不同的焦点是因为这两种焦点有句法语义上的不同表现。

如果有些成分既是对比焦点又是信息焦点，那么，运用 Kiss（1998）的并列测试和否定测试就失去了基础。因为 Kiss 的两个测试是基于信息焦点和对比焦点的两个对立提出来的，这两个对立是：蕴涵关系只存在于信息焦点不存在于对比焦点；对比焦点可以否定，信息焦点难以否定。后一个对立是基于前一个对立基础上的，如果一个成分既是对比焦点又是信息焦点，意味着，用来测试的焦点成分之间的蕴涵关系既存在又不存在。

为什么出现这样自相矛盾的情况？原因就在于汉语的焦点没有本质上的差别，对比焦点和信息焦点都表达新信息。而且汉语的焦点都是原位焦点，没有移位焦点，出现在英语和其他语言中的焦点 [± 移位] 特征以及 [± 移位] 特征在句法语义上的不同表现，并不见于汉语。Kiss 以焦点 [± 移位] 特征以及由 [± 移位] 而在句法语义上的不同表现为基础划分对比焦点和信息焦点在汉语中也就不适用。实际上，焦点能否通过否定测试和并列测试与算子的语义有关，而与焦点自身性质无关。蔡维天（2003）和袁毓林（2003）都有这方面的发现和论述。[1]

四是笔者认为汉语的焦点在性质上只有一种，一个简单句可以有多个焦点，各个焦点有强弱主次之分，强式焦点是句子的主焦点，在一个句子中只有一个。这一点布拉格学派的交际动态性（communicative dynamism，简称"CD"）理论给予了有力的支持。

布拉格学派坚持句子的功能透视观（functional sentence perspective）依据句子的功能对句子进行分析，研究句子的语义结构和句法结构在实现交际目的的过程中所起的作用，分析研究句子的话题——焦点结构（the topic-focus articulation）[2]。Firbas.Jan（1971）提出了交际动态性的概念，根据交际动态值（degree of CD）划分句子的话题和焦点。交际动态性的概念理解如下：

---

[1]　蔡维天（2003）在分析"只"和"连"的形式语义时，认为"只"字句中的语义焦点能通过否定测试和并列测试，"连"字句中的语义焦点通不过这两个测试。

并列结构测试，"只"字句中 a 不能蕴涵 b 和 c，"连"字句中 a 能蕴涵 b 和 c：

（1）a. 阿 Q 只喝红酒和黄酒。

　　　b. 阿 Q 只喝红酒。

　　　c. 阿 Q 只喝黄酒。

（2）a. 阿 Q 连红酒和黄酒都喝。

　　　b. 阿 Q 连红酒都喝。

　　　c. 阿 Q 连黄酒都喝。

否定结构测试，"只"字句中的焦点能被否定，"连"字句中的焦点不能被否定：

（3）a. 阿 Q 只喝红酒。

　　　b. 不，阿 Q 也喝黄酒。

（4）a. 阿 Q 连红酒都喝。

　　　b. *不，阿 Q 也喝黄酒。

袁毓林（2003）认为汉语的认定焦点具有对比性，同时具有穷尽性；而对比焦点有对比性，不具有穷尽性，这方面的差异可以用"也"字测试出来，比如：

（5）张三买了衣服，李四也买了。

"张三"可以有"对比性"（和"李四"对比）但不具有穷尽性（因为"李四也买了"），所以这时候，可以说"张三"是对比焦点，而认定焦点通不过"也"字测试：

（6）*是张三买的衣服，李四也买了。

因为在"是……的"中，"张三"兼有对比性和穷尽性，所以是认定焦点。

袁毓林的认定焦点和对比焦点在方梅和徐烈炯的文章中都属于对比焦点，但它们在是否具有穷尽性方面却不一致。而 Kiss 的两个测试的基础就是对比焦点的穷尽性和排他性。"也"字句中的焦点（对比焦点）也通不过测试。

[2]　布拉格学派内部有不同的学派，"话题—焦点结构"是 Peter Sgall 等人使用的概念，更多学者采用"主位—述位结构"的概念。下文 Firbas 采用交际动态性的概念也是分析"主位—述位结构"。但是"话题—焦点结构"和"主位—述位结构"两个概念在本质上没有差别。

...A phenomenon constantly displayed by linguistic elements in the act of communication. It is an inherent quality of communication and manifests itself in constant development towards the attainment of a communicative goal; in other words, towards the fulfillment of a communicative purpose. Participating in this development, a linguistic element assumes some position in it and in accordance with this position displays a degree of communicative dynamism. (Firbas, 1992: 7; 转引自 Wu Guo, 1998: 2)

所谓交际动态值是指一个语言成分在推进交际，完成交际目的的过程中，它所发挥的作用大小的程度。一个语言成分如果表达的是已知信息，它的交际动态值就低；反之，如果表达的是新信息，它的交际动态值就高。一个语言成分的交际动态值是相对于句子中的其他成分的作用而言的。成分的交际动态值受成分在句中的线性位置、上下文和语义结构的影响。一般的，句子中越往后的成分动态值越高；在上下文中，语境明确的新的未知的信息成分的交际动态值高；在不依赖语境的条件下，有一些类型的语义内容和语义关系可以不受线性位置因素的影响，如下面的例子：

　（19）a. A boy came into the room.

　　　　b. New housing estates have mushroomed in our town.

　　　　c. He has composed some symphonies.（引自钱军，1998：330）

a 和 b 句，动词表示主语在场景上出现或存在，副词表示地点背景。如果主语不依赖语境，其信息最重要；如果动词不依赖语境，副词成分不依赖语境或依赖语境，那么副词成分的交际动态值最低，主语最高，动词介于两者之间。这里的依赖语境实际上是指是否在交谈的当下为双方已知。而 c 句，主语为代词，显然为已知成分，则宾语的交际动态值最高。

如果我们从信息结构或者焦点结构的角度来看待布拉格学派的交际动态性，我们就很自然可以有如下的推论：

　　从句子的信息结构来看，一个句子在传递信息时，句子中各个部分所传递的信息重要性有强弱程度的不同，如果重要信息是句子的焦点信息，那么一个简单句可以有多个焦点，各个焦点有强弱主次之分，句子的焦点结构是一个多重的结构。

Krifka（1991）就认为语言中存在多焦点结构。他区分了"话题—陈述结构"和"焦点—背景结构"，认为对句子而言，"话题—陈述结构"优先于"焦点—背景结构"，话题和陈述都可以包含有焦点和背景结构，下面的例子是对这个观点的证明：

(20) A：What did Bill's sisters do?

B：[Bill's [youngest]$_F$ sister]$_T$[kissed John]$_C$

其中话题部分的焦点提供对比性的话题；在高层的"话题—陈述结构"中整个陈述部分仍然是全句的焦点部分。

基于以上的分析，本书认为，焦点本质上只有一种，那就是句子中负载新信息的部分。在焦点的研究中，对于如何定义新信息也有不少的争议，笔者认为新信息是一种关系性的概念。信息的新旧不能仅仅从成分本身的概念来看，而要从成分之间的关系来考察，Van Valin & Lapolla（2002）说："不是所谓的'新'信息本身具有信息价值。而是'新''旧'信息之间的关系使得断言具有信息价值。'旧'信息是由话语所激发的能构成理解话语所需的语境的一组假设。"这样即使有些概念是已知的，但是如果该概念在语境中使断言具有了新的信息价值，这个概念成分就是焦点。比如：

(21) A：小张的妈妈选了谁？

B：她选了小张。

答句中的"小张"虽然在上文中出现过，已经是已知的，但是此时"小张"表达了"被小张的妈妈选中的人"概念，负载了新的信息，并使得断言有了新的信息价值，因此"小张"就是焦点。

虽然汉语焦点在本质上没有不同，但是从焦点表达的角度来看，不同的表达手段表现出来的焦点的确表现出了不同的特点，比如："是"标记的焦点有穷尽性和排他性，而句尾焦点没有这个特点。不同的表达手段表现出来的焦点不同的特点，正是很多研究者力图对焦点分类的语言事实支持。如何解释这些现象？

对此问题，笔者赞成徐杰的观点：不同的焦点只有因受强调程度的不同而有强弱的差别和程度的高低，而没有根本性质的对立。不同的表达手段表现出来的焦点的不同特点，不能理解为是焦点在性质上的差别，而应看成是说话者对新信息的凸显强调程度的不同，采用不同的表现手段只是为了突出强调的程度的需要。一个简单句可以有多个焦点，各个焦点有强弱主次之分，强式焦点是句子的主焦点，在一个句子中只有一个。我们通常说的焦点往往指的是句子的强式焦点。回答当前问题的焦点是句子中的主要焦点，次要焦点一般是交际推进过程中从交谈中继承的焦点。

在本书中，笔者采用提问法（或者称问答测试法）确定句子的强式焦点，因为一个句子能回答什么样的问题，句子相对应于问句中的疑问词的部分就是焦点，这样针对一个句子最自然的提问就确定了句子中最自然的焦点，也就是句子的强式焦点。举例来说，对（22）可以有（23）的提问，不能有（24）的提问：

（22）我是昨天生的病。

（23）a. 你是什么时候生的病？

　　　b. 谁是昨天生的病？

（24）a. *你是昨天怎么了？

　　　b. *你是昨天得的什么？

因此，在（22）中，"我"和"昨天"都可以是句子的焦点，但是"生"和"病"不能成为句子的焦点。

2.2.2.3　小　结

根据上文的分析，笔者认为汉语的焦点在性质上只有一种，语义焦点不是一种特殊性质的焦点。不能根据语义焦点在句子中的位置不同能影响句子真值而断定语义焦点本身性质特殊。因为影响句子真值的原因，我们并不能归结到句中是否有焦点，而应归结到句中是否有焦点敏感成分上来。以经典的例子来说明：

（25）a. 约翰只介绍了**比尔**给苏。

　　　b. 约翰只介绍了比尔给**苏**。

（26）a. 约翰介绍了**比尔**给苏。

　　　b. 约翰介绍了比尔给**苏**。

（25）中的焦点位置能影响句子的真值，（26）中的焦点却不能影响，很明显的原因是（25）中有焦点敏感算子"只"，而（26）中没有。通过这样的对比，我们可以认为影响句子真值的原因不在焦点本身，而在于句子中是否有焦点敏感算子与焦点发生语义上的联系。我们从本质上找不到（25）和（26）中的焦点有什么不同。

如果我们说，（25）中的焦点和算子关联，（26）中的焦点不和算子关联是它们的本质上的不同，除非我们能找到这样的对比：都有算子出现的句子中，在满足算子约束条件的情况下，有的句子焦点和算子关联，有的句子焦点不和算子关联，否则我们就不能把是否和算子关联看成是不同焦点的差别，而只能看成是是否出现了算子的结果。这样就意味着语义焦点并不是特殊的焦点类型，而只是特殊场合出现的焦点罢了。

文献中的语义焦点都继承了 Gundel（1999）的概念，但是对语义焦点性质的看法却有不同，这也从一个侧面说明根据焦点的某一语义或语用特征而对之进行性质分类是难以成功的。因为焦点的语义语用特征有时并不是焦点本身的因素形成的，有时候焦点的各种特征可能同时显现出来，所以强以语用语义特征对焦点分类就会使焦点类属不明。

2.3　汉语焦点的强度级差

在 2.2 节中，笔者证明了所有焦点都是韵律上突出的成分，是话语表达中的语义重点；各种不同的焦点只有因受强调的程度不同而有强弱的差别、程度的高低，而没有根本性质的对立。本节讨论通常所说的常规焦点、对比焦点的强弱级差。常规焦点位于句末，负载常规重音，以语序作为主要表达手段；对比焦点有对比重音和"是"两种标记手段，有时仅依靠对比重音表达，有时在负载重音的同时用"是"标记。[1] 不同的手段表达的对比焦点也有强弱的不同。为了区分，笔者仍采用不同的名称来称说它们：仅依靠对比重音表达的称为对比焦点，由"是"标记的称为认定焦点。这些不同的命名只是为了称说的方便，代表了不同的强度级差，并不表示它们有本质的差别。[2]

---

[1]　对汉语系词"是"的性质，各家看法不一样，邓守信（Teng, 1979）首先明确提出"是"为"焦点标记词（focus marker）"。方梅（1995）、徐烈炯 & 刘丹青（1998）认为"是"是对比焦点的标记。徐杰（2001）不区分焦点的性质，只区分焦点的强弱，认为"是"是强势焦点的标记。郑良伟（1983）和黄正德（1989）认为"是"性质上是动词，焦点标记是其附属的功能。

[2]　这里认定焦点和对比焦点的命名还考虑到它们的语用功能，认定焦点表达说话人对所强调突出的事物的认定。对比焦点所强调的事物与相关集合中的其他成员构成对比，但是都表达新信息。

下面分析常规焦点、认定焦点和对比焦点的相对强度序列 [1]。

2.3.1　判断焦点强度的依据

如何判断焦点的强度，其依据是什么？笔者认为，根据重音与焦点的关系，可以以成分负载的重音的强度作为判断焦点强度的依据。

用重音标记焦点，是已经研究过的各种语言都采用的焦点标记手段之一。汉语也采用重音作为焦点的一种标记手段。对于汉语重音和焦点的关系，方梅（1995）、徐杰（2001）、徐烈炯（2001）都有涉及，在焦点是否一定有重音这个问题上尚有分歧。

方梅区分了常规重音和对比重音 [2]，并且认为不同的重音对应于不同的焦点类型：常规焦点获得常规重音，对比焦点获得对比重音。

徐杰认为"语言学意义上的焦点……都起码有一个共通的语言特征，即韵律重读（Prosodic Stress）"，也就是说，焦点都伴随着重音特征。

徐烈炯认为"汉语中语法焦点不一定要是重音，而话语焦点要是重音，这是汉语和英语等印欧语言不同的一个特征"。所谓"语法焦点不一定要是重音"，是指"位于树形图递归方向嵌套最深的位置（也就是句末位置）"上的信息焦点不需要重读。

徐烈炯先生的结论没有过多的证明，大概是自己的语感。但是这个论断从理论上讲存在矛盾。既然重音是焦点的表现手段之一，我们有理由认为音高的高低 [3] 可能代表了信息的重要程度。汉语中的修饰成分，比如定状补，往往获得逻辑重音就是很好的证明，因为对于句子而言，从句法结构上来看，主语和谓语是必不可少的结构成分 [4]，而定状补等修饰成分则是可有可无的，"结构层次上的重要性与语义层次上的重要性成反比" [5]，结构上可有可无的成分出现在句中，语义上一定符合格赖斯的量的准则，是重要的信息，必须获得韵律上的重音。音高的高低是一个相对的概念，不是绝对的概念，就是说一个成分是重音所在的成分，只是说该成分的音高相对于其他成分要高。如果焦点成分不负载重音的话，对于一个句子的音高模式来说，只

---

[1]　所谓相对强度序列，意思是焦点的强弱不是一个固定的可量度的绝对值，而是句子中主次不同的焦点之间相比较而言的强度高低。

[2]　汉语重音分为常规重音和对比重音是赵元任（1968）提出来的，以后为语言学界采用，也为方梅所采用。

[3]　汉语的重音在音质上不仅仅体现为音高的增高，还有音长的延长、音强的增强等特征，这里暂且以音高的高低来描写重音的变化。

[4]　这是就通常的主谓句而言的，无主句例外。

[5]　此为特斯尼耶尔《结构句法基础》中的观点，转引自朱小雪（1989）。

有两种情况：一是焦点成分和非焦点成分的音高相同，一是非焦点成分的音高高于焦点成分，即非焦点成分获得重音。前者是非常奇怪的重音模式，后者则导致了如下的推论：重音不是焦点的表现手段！因为如果是的话，非焦点成分不可能获得重音。而这个推论显然与语言事实不相符合。

对"汉语中语法焦点不一定要是重音"的观点，徐烈炯还做过补充说明，认为句末的信息焦点"不是不能重读，而是不一定要重读"，"即使将来用仪器分析出来它的确读得比较重，这种轻重在话语交际中也起不到标注焦点的作用"。这个说法也不能成立。

从逻辑上分析，"这种轻重"在话语交际中肯定能起到标注焦点的作用。因为如果句子中有焦点，并且重读起不到标记焦点的作用的话，重音移动到别的成分上，应该也不会导致焦点的移动，但是实际上，如果重音位置不在句末，重音的强度往往会增强，成为通常所说的"对比焦点"所在。此时，句末成分就不再是句中的主要焦点。因此如果要保证句末的成分成为句子的主焦点，它必须获得重音。不过因为它已经有句法上的标记，所以在重音的强度上不一定需要特别突出，但是不突出并不代表没有。

所以笔者坚持如下的观点：汉语焦点一定会获得重音，凡焦点一定是韵律上突出的成分。突出是相对而言的，而不是一个绝对值，只要一个成分在语音上比别的成分突出，该成分就获得了重音。换言之，音高的高低代表了信息的重要程度。

在句子的语调模式中，重音并不仅仅简单地分为重和非重，还有次重[1]等。既然音高的高低代表了信息的重要程度，那么就可以依据重音强度来确定焦点的强度。

2.3.2 不同手段标记的焦点的强度级差

本节基于上一节对重音强度与焦点强度之间的关系，讨论不同手段标记的焦点的强度级差。为了称述的方便，此处仍沿用"常规焦点"、"对比焦点"及"认定焦点"的说法，用来指称不同手段标记的焦点。

---

[1] 在这里笔者认为汉语的重音是有层级的，汉语重音的层级问题没有见到详细的研究，但是英语的重音规律获得了深入的研究。Noam Chomsky & Morris Halle（1968）详细分析了英语基于转换的音系规则，他们认为英语表层有多级重音，这些表层的多级重音是由核心重音规则（Nuclear stress rule）和重音复合规则（compound rule）循环使用的结果。笔者从语感上分析，认为汉语的重音也是有层级的，并且重音的层级与表达内容的信息强度相关。限于本书的内容和本人的知识结构还不能提供更深入的证明。

首先比较常规焦点与对比焦点的强弱：常规焦点是遵循尾焦原则、位于句末的焦点，它在句中获得常规重音；对比焦点是句中负载对比重音的成分，对比重音可以落在句中任何需要突出强调的成分上。

对比重音比常规重音的强度要高，这主要是因为：汉语句末位置在句法上是"树形图递归方向内嵌最深的位置Cinque（1993）"，符合普遍的重音规则，具有可预测性，因此不需要在重音上特别突出，但必须突出，以避免其他非重要信息获得突出而干扰了信息的传递。而对比重音是出于表达的需要，以非常规的手段来改变重音规则，这就势必要在强度上超过常规重音。当对比重音获得主要重音的时候，原来的常规重音就降到了次重的地位。相应地，句子的主要焦点就转移到了对比重音所在的成分上。换句话说，常规焦点是无标记焦点，对比焦点是有标记焦点，对比焦点的标记性强度比常规焦点高，它们之间的强度关系是：

对比焦点 > 常规焦点

该表达式中，">"表示"强于"，以下各处的">"表达的意思与此处相同。

认定焦点是"是"标记的焦点。在确定认定焦点的强度之前，我们首先区分两种不同的"是"字句：一种"是"单独出现在句中，本身可以省略而不影响句子的意思的完整；另外一种"是"和"的"配合使用，形成"是……的"和"……的是"结构。

"是"单独使用，可以省略而不影响句意完整时，"是"是专职的焦点标记词。它在句法允许的条件下，尽量靠近焦点成分。这一点差不多形成了共识。比如，方梅（1995）认为"是"标记对比焦点，作为标记词的"是"自身不负载实在意义，不带对比重音，它后面的成分总是在语音上凸显的成分。徐杰（2001）认为"是"是专职的焦点标记词，是强式焦点的标记，徐烈炯 & 刘丹青（1998）、徐烈炯（2001、2005）也都认为"是"是焦点标记。不过我们还是需要更加细致一点的工作，深入地考察"是"字句中的焦点表达的情况。

"是"标记焦点具有以下的特点："是"的位置可以移动，移动的范围是谓语核心动词之前的所有位置。这样，它可以出现在施事、时间、处所、工具等很多语义角色的前面，标示其后的施事、时间、处所、工具为焦点成分。方梅（1995）以下面的例子作了证明：

（27）a. 是**我们**昨天在录音棚用新设备给那片子录主题歌。

　　　b. 我们是**昨天**在录音棚用新设备给那片子录主题歌。

　　　c. 我们昨天是在**录音棚**用新设备给那片子录主题歌。

　　　d. 我们昨天在录音棚是用**新设备**给那片子录主题歌。

　　　e. 我们昨天在录音棚用新设备是给**那片子**录主题歌。

"是"标示的不能是动词后的受事成分，因此下面的说法不成立：

（27）f. *我们昨天在录音棚用新设备给那片子录是**主题歌**。

不过，"是"在动词前是能标示"受事"成分的，如：

（27）g. 我们昨天在录音棚用新设备给那片子是录**主题歌**。

实际上，"是"标示处所、工具等成分时，也并不是直接位于那些名词前面，而是在介词前。

　　不少的文章都注意到了"是"有一些句法限制[1]：不能进入动词短语内部，不能进入介词短语内部、不能进入名词词组内部。所以很多情况下，"是"并不能直接位于焦点成分前面，而只是尽可能出现在焦点成分前。仅当"是"直接位于名词性成分前时，紧邻其后的名词才为焦点，获得重音，如（27）中的 a 和 b；"是"位于介词结构和动宾结构前时，往往是介词宾语、动词宾语获得重音，如（27）中的 c、d、e 和 g。

　　不过由于动词和介词与它们的宾语的选择关系是不同的，介词几乎是它的宾语隐含的。只要它的宾语的语义角色确定了，介词就被确定，所以介词没有什么信息量，而动词并不完全由其宾语隐含，同一个宾语名词可以选择不同的动词作为其中心，但是动词可选择的宾语比宾语可选择的动词要多。所以当"是"位于动宾短语之前时，宾语自然获得重音，优先成为焦点。"是"后的动词也可以受到强调成为焦点，但是动词要成为焦点时，需要更强的重音来标示。因为动词要获得重音，必须要打破常规的重音规则，所以需要付出额外的努力，在强度上超过宾语的重音。

　　值得注意的是，在这类句子中，"是"前的名词性成分也可以获得对比重音成为焦点。比如：上面的（27b）如果在"我们"上加上对比重音，可以作为下面的问题的回答：

---

[1]　参见黄正德（1989）、方梅（1995）、徐烈炯（2001）等。

（28）**谁**是昨天在录音棚用新设备给那片子录主题歌？

换为下句更顺一些：

（29）**谁**是昨天在录音棚用新设备录主题歌？

可是，"是"后面的成分呢，除了最接近"是"的名词性成分，其他的成分不容易被强调，下面的提问方式是不自然的：

（30）a. ？你们是昨天**在哪儿**用新设备给那片子录主题歌？

b. ？你们是昨天在录音棚用**什么**给那片子录主题歌？

当"是"前的成分成为焦点时，也需要获得特别重的对比重音，改变原来的句子的重音模式。而"是"后名词获得的重音就降到次重的位置，成为句子的次焦点。

"是……的"结构相当于英语的分裂句，其中，"是"的分布及受到的句法限制和独用"是"的情况一致。上面的例（27）可以改写为：

（31）a. 是**我们**昨天在录音棚用新设备给那片子录的主题歌。

b. 我们是**昨天**在录音棚用新设备给那片子录的主题歌。

c. 我们昨天是**在录音棚**用新设备给那片子录的主题歌。

d. 我们昨天在录音棚是**用新设备**给那片子录的主题歌。

e. 我们昨天在录音棚用新设备是**给那片子**录的主题歌。

（31b）也可以在"我们"上加上对比重音，作为下面问句的回答：

（32）**谁**是昨天在录音棚用新设备给那片子录的主题歌？

"……的是"结构和上面的"是"字句不同，它同时采用了语序变换和"是"标示两种手段表示焦点，其中的"是"直接位于句末的名词前，该名词是句子的焦点。汤廷池（1983）认为该结构是准分裂句，它与分裂句最大的不同是：准分裂句中的"是"可以直接位于宾语名词前表示宾语为信息焦点。表面上看，"是"后名词为焦点，"是"就是焦点标记。实际上，这种句子中的焦点并不是由"是"标记的，而是采用句末的语法位置来标记的，焦点成分获得的是常规重音。"是"的作用更像系动词，不过正好位于焦点成分前罢了。它连接前后两个名词性的结构成分，前一个成分是"的"提取的关系化小句，后一个成分是所指与前面相同的名词，实际上，该结构表示等同。有两个事实可以证明这一点：

一是能采用准分裂句的形式以便处于句末位置获得重音的只有施事、受事和工具三种语义角色，如（33）中的 a、b 和 c 所示，这和 "的" 字表示转指提取的语义角色完全一致。而处所、时间等语义角色处于该位置时，句子（33d）和（33e）明显不合格，使之合格的办法是在 "的" 和 "是" 之间插入相应的名词，使 "是" 前后的成分所指明确一致，如（33f）和（33g）所示：

（33）a. 昨天在录音棚用新设备给那片子录主题歌的是**我们**。

b. 我们昨天在录音棚用新设备给那片子录的是**主题歌**。

c. 我们昨天在录音棚给那片子录主题歌用的是**新设备**。

d. *我们昨天用新设备给那片子录主题歌在的是**录音棚**。

e. *我们在录音棚用新设备给那片子录主题歌的是**昨天**。

f. 我们昨天用新设备给那片子录主题歌的地方是**录音棚**。

g. 我们在录音棚用新设备给那片子录主题歌的时间是**昨天**。

二是在准分裂结构中，除了 "是" 后的名词外，其他的成分也都可以获得重音，成为强调的对象。这和一般的句子在焦点的表现上没有什么不同。我们用疑问结构来举例说明：

（34）a. ˋ**什么时候**在录音棚用新设备给那片子录主题歌的是我们？

b. 昨天ˋ**在哪儿**用新设备给那片子录主题歌的是我们？

c. 昨天在录音棚用ˋ**什么**给那片子录主题歌的是我们？

d. 昨天在录音棚用新设备给ˋ**哪部片子**录主题歌的是我们？

e. 昨天在录音棚用新设备给那片子录ˋ**什么歌**的是我们？

可见，在 "……的是" 结构中，"是" 不是焦点标记，不过正好位于焦点成分前罢了。

综上所述，在 "是" 字独用和 "是……的" 结构中，"是" 往往会标记某些成分为焦点，但是我们也可以通过加对比重音于其他成分上，使其他成分获得主重音，成为主焦点，原来 "是" 标记的成分就成为次焦点。即在这两种 "是" 字句中，"是" 标记的焦点是无标记焦点，对比焦点是有标记的焦点。同时，"是" 后的重音也是对常规的重音规则的破坏，所以它在强度上比常规重音要高。相对于常规焦点而言，"是" 标记的焦点是有标记的焦点。这样在焦点的标记强度上，对比焦点标记性最高，其次是"是"标记的认定焦点，常规焦点的标记性最低，是最无标记的焦点。因此有焦点强度规则之二：

对比焦点 > 认定焦点 > 常规焦点

这个规则显示的就是有多个焦点的简单句中的焦点强度级差，根据这个焦点强度级差，我们按下面的原则确定句子中的主要焦点和次要焦点：

（35）确定句子中的主要焦点和次要焦点的原则：

在普通的无标记的句子中，句末成分是句子的主要焦点。但如果有对比重音，则对比重音标记的成分为句子的主要焦点。

在"是"字句中，正常情况下，"是"标记句子的主要焦点，句末成分仅在得到"是"标记时才是主要焦点。如果有加强的对比重音，则加强对比重音标记的成分为主要焦点，"是"标记的成分为次要焦点。

从树形图的位置来考察，在普通无标记的简单句中，对比重音所在的成分位置上总是高于常规重音，在线性序列上居前于常规重音。在"是"字简单句中，"是"标记的成分也在位置上高于（或者同于[1]）句末的成分，而对比重音只能落在"是"标记的成分之前的位置较高的成分上。这样，上面的焦点标记性强度规则就可以表述为：

焦点成分在句法位置上越前、树形图位置上越高，其标记性越强，焦点的强度也越高。这个规则符合信息传递由旧到新的规律，由于位置越靠前，越容易被处理为旧信息，所以如果要对它进行强调，突出它的重要性时必须付出更多的努力去打破惯有的信息结构模式，因此焦点的位置越靠前，标记性就越强。反之，越靠后的成分，越容易被处理为新信息，当它们作焦点时，对它们的标记强度就不需要特别加强。

2.3.3　小　结

本部分，笔者基于上一节对焦点性质的认识，提出了一个假设：凡焦点都是韵律上突出的部分，汉语焦点都会获得重音的标记，重音的强弱和焦点的强弱相对应。在此假设之上，从句子信息传递的一般规律，分析了各种焦点表现手段所标记的焦点强度级差：

---

[1]　"是"标记动词宾语为焦点时，"是"标记的成分位置就处于句末。

对比焦点 > 认定焦点 > 常规焦点

根据这个焦点强度级差，笔者提出确定句子中的主要焦点和次要焦点的原则，如下：

在普通的无标记的句子中，句末成分是句子的主要焦点。但如果有对比重音，则对比重音标记的成分为句子的主要焦点。

在"是"字句中，正常情况下，"是"标记句子的主要焦点，句末成分仅在得到"是"标记时才是主要焦点。如果有加强的对比重音，则加强对比重音标记的成分为主要焦点，"是"标记的成分为次要焦点。

2.4　焦点敏感算子的辖域

语义学中，算子、变项、辖域都是从逻辑学中引入的概念。逻辑学中，算子的辖域是受该算子影响的表达式的那个部分，在逻辑式中一般表示为直接跟在算子后面的括号的长度，以否定为例，（36）中的 a 和 b 的逻辑式分别对应于（37）中的 a 和 b，否定算子的辖域在 a 中是 p（＝努力工作），在 b 中是 p & q（＝贪图享受、游手好闲）。

（36）a. 张三不努力工作、贪图享受。

　　 b. 张三不贪图享受、游手好闲。

（37）a. ～ p & q

　　 b. ～（p & q）

当我们把在语义上与焦点相关联的成分称作算子的时候，我们就在该成分和焦点之间建立起了一种算子和变项的约束关系。这种约束关系在一定的范围中才能建立，换句话说，算子有一定的作用范围，这个作用范围被称为操作域，即辖域。算子的辖域会影响对句子的语义解释，比较下面两组例子（引自 König, 1991: 30）：

（38）a. He also drinks WHISKY very rarely.

　　 b. Very rarely does he also drink WHISKY.

（39）a. He drinks WHISKY very rarely.

　　　　b. Very rarely does he drink WHISKY.

例（38）中的两句话焦点相同，但是语义不一样，没有 also 的例（39）句子意思则完全相同。原因就在于在例（38）中，also 在 a 和 b 中的辖域不一样，它和另外一个量化副词（quantificational adverb）very rarely 的辖域相互作用，导致了句子的语义解释不同。

　　又如下面的例子：

　　　　（40）a. 我在图书馆只看英文书。

　　　　　　　b. 我只在图书馆看英文书。

　　　　（41）a. 我只不喜欢他。

　　　　　　　b. 我不只喜欢他。

（40）"只"的浮动并不导致句子基本意思的改变，虽然"只"的位置不同，但是都表达了"我在图书馆看英文书"。而（41）中"只"的浮动则使句子的基本意思完全不同，a 句表达"我不喜欢他"，而 b 句则表达"我喜欢他"。产生这种差别的原因也是句中多个算子的辖域之间的相互作用影响了句子的焦点结构。

　　算子的辖域问题如此重要，所以在历来的焦点研究中争议不断，该概念在文献中的使用也不一致。下面简单介绍前人对辖域的一些研究，然后说明本书关于辖域的看法。

2.4.1　前人关于辖域的研究

　　较早论及算子辖域的是 Jackendoff，Jackendoff（1972）继承了 Chomsky（1971）在表层结构中解释焦点的思想。他称焦点敏感算子的辖域为 range，焦点只能在算子的辖域中才能和算子关联，range 的定义如下：

　　A range is a set of nodes in the surface structure bearing a particular structural relation to the Lexical item, where the relation is defined by the lexical itself.（算子的）辖域是在表层结构中和这些词项（按：即算子）具有特定的结构关系的一组节点，该关系由词项自身决定。
（Jackendoff，1972：249）

由于决定节点和词项之间关系的因素是词项自身，因此，不同的词项就会决定与自身关系不同的节点作为自己的辖域，也就是说不同的算子辖域不同。下面是 even、only 和 just 的辖域：

Range of *even*（even 的辖域）：

If *even* is directly dominated by a node X, X and all nodes dominated by X are in the range of *even*. 如果 even 受节点 X 直接支配，那么 X 和 X 支配的所有节点都在 even 的辖域中。（Jackendoff, 1972: 249）

Range of *only* and *just*（only 和 just 的辖域）：

If *only* or *just* is dominated by a node X, X and all nodes dominated by X and to the right of *only* or *just* are in the range of *only* or *just*. 如果 only 或 just 受节点 X 支配，那么 X 和所有受 X 支配的处于 only 或 just 右侧的节点在其辖域中。（Jackendoff, 1972: 249）

Partee（1999: 220-228）对焦点和辖域的关系做了深入的讨论，下面的例子集中反映了辖域和焦点的关系中的几个问题：

（42）We are required to study only SYNTAX.

（43）We are only required to study SYNTAX.（Taglicht, 1984; 转引自 Partee, 1999）

例（42）是一个焦点（unambiguous focus）多个辖域（ambiguous scope）的情况，当 only 取窄域时，句子的意思是 There is a requirement: "study only syntax"；当 only 取宽域时，句子的意思是 Only for syntax is there a requirement to study it, while other subjects are optional。无论宽域还是窄域，句子的焦点都是 syntax。对这种多辖域的情况，Rooth（1985）提出了如下的名词短语附着假说（NP-attachment Hypothesis）。

NP-attachment:

Only if it is attached to an NP that can have main clause scope. 只有它（only）附着于一个名词短语的时候才取主句为域。

Hajičová, Partee, and Sgall（1997）则提出了联合子句假说（Clause-union Hypothesis）。

Clause-union:

Only if at some relevant level there is ,or it is as if there is, only one clause. 只有在某些相关的层面或者类似的情况下才是一个子句。

该假说的基本思想是：焦点化词（focalizer 即焦点算子）和它（所辖）的焦点必须处于同一个子句中，只有 only 所辖的焦点依存于（depends on）一个动词，only 和它所辖的焦点才处于同一个子句。在（42）中，only 所辖的焦点不是依存于动词，而是依存于动词丛（verb-cluster）或联合子句（Clause-union），因此它以主句为辖域。

例（43）则是一个辖域（（unambiguous scope）多个焦点（ambiguous focus）的情况。句子的辖域是 only 右侧为其 C-command 的成分，句子的焦点可以有以下宽窄的不同：

（44）a. We are only required to study [SYNTAX]$_f$.

　　　 b. We are only required to [study SYNTAX]$_f$.

　　　 c. We are only [required to study SYNTAX]$_f$.

结合（44）来看，（43）表示的意思和（42）中辖域为窄域时表示的意思一致，既然 only 在句中的位置是可以移动的，并且在不同的位置上可以表示相同的意义的话，only 为什么选择不同的位置？Rooth（1985）认为 only 出现的位置是辖域的边界；Praguean[1] 则认为 only 出现的位置是深层结构（underlying structure）中话题（topic）和焦点（focus）的分界点；董秀芳（2003）也采用了类似的说法解释汉语"都"字句的语序问题。这两种说法各有其适用范围，学界也一直争论不休，详细的讨论见 Partee（1999）。Partee 把三分量化结构（参见 2.5 节的介绍）应用到焦点结构的描写中，一个句子就被分析为算子、限定域（restrictive clause）和核心域（Nuclear scope），如何确定限定域和核心域是其理论中的关键。她在讨论了焦点和辖域的种种问题后给出了两套关于焦点化词（即焦点敏感算子）的辖域、焦点和背景的定义（Partee, 1999: 228）：

Scope , focus and background of a focalizer. 焦点化词的辖域、焦点和背景。

[1]（A）The scope of a focus-sensitive operator (focalizer) is the complete projection of the head on which it depends (that is, the head

---

[1] Praguean 指的是布拉格学派，该学派的 Hajičová（1983）；Sgall.Hajičová, and Panevová（1986）and Koktová（1986,1987）都坚持该观点。

and all its dependents). 焦点敏感算子（焦点化词）的辖域是其所依存的中心语的完全投射（即包括中心语及其从属成分）。

（B）The scope of a focalizer is its f-command domain (or c-command at LF). 焦点化词的辖域是其功能统制域（或逻辑式上的成分统制域）。

[2]（A）The focus of a focalizer is the focus of that projection. 焦点化词的焦点是那个投射的焦点。

（B）The focus of a focalizer is the focus of its immediate argument. 焦点化词的焦点是其直接论元的焦点。

[3]（A）Background = scope minus focus (there may of course also be pragmatic additions to background). 背景等于辖域减去焦点（背景也可以包含某些语用条件）。

（B）Same

其中，A 组定义是与依存语法（dependency grammar）相适应的，B 组是与蒙塔古语法（Montague grammar）相适应的。

2.4.2　汉语焦点敏感算子辖域的确定

辖域问题在汉语中还没有太多的讨论。对于汉语焦点敏感算子的辖域问题，从整体上论述的仅有 Xu（2004），比较多的文献是对具体的某个算子的辖域的讨论，否定的辖域问题是讨论得比较集中的一个，吕叔湘（1985）、钱敏汝（1990）、袁毓林（2000）和徐杰（2001）都有论及。

徐烈炯没有明确说明焦点敏感算子的辖域问题，不过从其相关的论述（参见 Xu 2004）中，我们可以看到徐烈炯关于辖域的看法。他认为受焦点算子约束的焦点的位置遵循焦点投射规则，从内嵌最深的成分开始，循环投射到焦点算子所在的位置止，可以得到大小不一的可能的焦点成分。于是有如下的焦点投射规则：

焦点投射规则：

Location of Operator-bound Focus 受算子约束的焦点的位置

Focus-sensitive operator O is semantically associated with a constituent C on its right, which is adjacent to it or is the most deeply embedded constituent or any projection of it. 焦点算子在语义上

跟它右侧的邻接成分或者内嵌最深的成分或其任何投射相关联。

所谓的语义相关也就是算子关联，这个表述实质就是关于算子的辖域的表述。徐烈炯的规则是借鉴 Cinque（1993）的重音规则形成的。Cinque（1993）重音规则的核心思想是要证明焦点是在表层结构中指派的主张，背后更深的观念是：焦点是由重音决定的，是含有句子语调核心的成分，这个语调核心位于句子树形图分支方向上内嵌最深的成分。徐烈炯则认为在无标记的情况下，汉语的焦点也处于句子树形图分支方向上内嵌最深的位置，可以投射但是不一定负载重音。据此，徐烈炯关于焦点的辖域的观念就可以理解为句子表层结构中算子后面的所有部分，或者说算子的辖域是它后面 C-command 的所有成分。

袁毓林（2000）认为"在无标记的情况下，否定的辖域一定是否定词之后的成分；在有标记的情况下，否定的辖域可以回溯到否定词之前的成分"。袁毓林区分了不同的情况下否定的辖域，如果抽象地说明否定的辖域，也就是作用范围的话，那么否定的辖域就是全句了。这和徐烈炯的观点是不一致的。

究竟如何看待汉语焦点敏感算子的辖域？

笔者认为焦点敏感算子的辖域就是算子作用的范围，焦点只能在算子的辖域中才能和算子关联。正如 Jackendoff（1972: 249）在分析算子 *even* 的时候说的" Association with focus will be able to take place only if the focus is within the range of *even*"。这个关于算子 *even* 的观念可以推广到所有焦点敏感算子的情况。而对于一个算子来说，它也必须关联一个对象，否则就会导致空约束。

焦点敏感算子所关联的焦点成分都应该处于它的辖域中。那么所有该算子语义所能关联的成分就构成了该算子的辖域。语言事实说明，不同的算子所能关联的成分是不一样的，因此我们认为焦点敏感算子的辖域依算子的不同而不同，至少在表层结构中是这样。我们以"总是"和"也"为例来看：

（45）a. **我**总是星期一打球。

　　　b. 我总是**星期一**打球。

　　　c. 我总是星期一**打球**。

（46）a. **我**也星期一打球。

　　　b. 我也**星期一**打球。

　　　c. 我也星期一**打球**。

"总是"和"也"是焦点敏感算子。但是，从语义上来看，"总是"不能和它前面的焦点"我"关联，只可以和它后面的焦点"星期一"与"打球"关联；"也"则既可以和位于其前的焦点"我"关联，又可以和它后面的焦点"星期一"与"打球"关联。所以，"总是"的辖域是"总是"后面的所有部分，而"也"的辖域是全句。

2.5 焦点结构及其形式表达

这一部分介绍与焦点敏感算子相关的另一个问题：焦点结构。

所谓焦点结构是从焦点的角度对句子中信息分布的一种描写或分析。句子中信息的分布与组构是句子信息结构，焦点结构就是从焦点的角度对信息结构的描写。焦点结构的描写有几种框架[1]，三分结构是在句子的语义解释中采用的重要的描写框架。据潘海华 & 徐烈炯（2005），三分结构最早是量化现象的语义表达式，该表达式由算子（operater）、限定部分（restrictor）和核心域（nuclear scope）三部分组成。Partee（1991）把三分结构应用到焦点结构的刻画上，她认为，句子的背景会映射到限定部分，而焦点会映射到核心部分，如果句中有焦点敏感算子，焦点结构就可以描写为由焦点敏感算子、焦点和背景三部分组成。下面（47a）的焦点结构为（47b）这样的三分结构[2]，在该结构中"背景和焦点的关系类似为限定性从句及其所修饰的中心语跟包含这个中心语的母句的关系"（袁毓林，2003），限定域表示的是背景信息，用限定从句修饰中心语的形式刻画，核心域表示焦点信息，由焦点和背景合成的母句形式表示：

---

[1] 黄瓒辉（2003）对文献中涉及的焦点结构的描写框架有比较全面的介绍。

[2] 李宝伦 & 潘海华（2005）对（47a）的三分结构的描写是：

　　ALWAYS (Mary took *x* to the movies) (*x*=John)
　　　算子　　　限定部分（背景）　　核心域（焦点）

这是一种简化的表达式。参见徐烈炯 & 潘海华（2005：86-92）。

（47）a. Mary always took [John]_F to the movies.

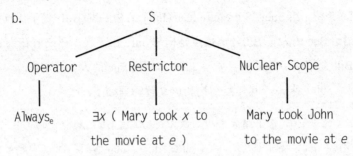

三分结构表示的背景信息和焦点信息之间的关系还可以 Lambda 标记法表示，Lambda 抽象式表示背景信息，Lambda 还原式表示焦点信息。（47a）的焦点结构用 Lambda 表示就是：

（48）Always [λx (Mary took x to the movie) (John)]

如果用谓词加论元的形式来刻画命题的话，上面的 Lambda 表达式可以进一步表示为：

（49）Always [$\lambda x <$ took (Mary, x, movie) $>$ (John)]

三分结构可以让我们直观地看到，焦点的位置不同会影响三分结构的组成，从而形成不同的语义解释，即焦点结构对句子的语义解释会产生直接的影响。如果句中有焦点敏感算子的话，当焦点结构改变时，算子作用的对象也就随之变化，从而句子的真值会发生改变，如：

（50）a. John only introduced [Bill]_F to Sue

b. John only introduced Bill to [Sue]_F

这两个句子，如果实际的情况是：John 把 Bill 和 Tom 介绍给了 Sue 一个人，那么 a 假 b 真；如果实际情况为：John 把 Bill 一个人介绍给了 Tom 和 Sue，那么情况正好相反，b 假 a 真。为什么？因为在（50a）中，焦点是直接宾语 Bill，only 与其相关联，其焦点结构和相关的语义解释就是：

（51）a. only [$\lambda x <$ introduce (John, x, Sue) $>$ (Bill)]

b. ASSERTION: $\forall x$ [introduce (John, x, Sue) $\rightarrow$ x=Bill]

c. PRESUPPOSITION: introduce (John, Bill, Sue)

其中，a 是句子的焦点结构，$\lambda x <$introduce (John, x, Sue) 表示背景信息，意思是：存在 x，John 介绍 x 给 Sue；$\lambda x <$ introduce (John, x, Sue) $>$ (Bill) 表示焦点信息，意思是：John 介绍给 Sue 的人是 Bill。该焦点结构与 only 相关联，语义解释为 b 和 c 意思是：John 把 Bill 介绍给了 Sue 并且所有 John 介绍给 Sue 的人都是 Bill。

而对（50b）来说，其焦点结构和语义解释则如下：

（52）a. only [$\lambda x <$ introduce (John, Bill, x) $>$ (Sue)]

　　　b. ASSERTION: $\forall x$ [introduce (John, Bill, x) $\rightarrow x =$ Sue]

　　　c. PRESUPPOSITION: introduce (John, Bill, Sue)

a 是句子的焦点结构，$\lambda x <$introduce (John, Bill, x) 表示背景信息，意思是：存在 x，John 介绍 Bill 给 x；$\lambda x <$ introduce (John, Bill, x) $>$ (Sue) 表示焦点信息，意思是：John 介绍 Bill 给他的人是 Sue。该焦点结构与 only 相关联，语义解释为 b 和 c 意思是：John 把 Bill 介绍给了 Sue 并且所有 John 把 Bill 介绍给他的人都是 Sue。

2.6　本章小结

本章介绍了形式语义学中与焦点敏感算子相关的理论问题，包括：汉语中的焦点关联现象与焦点敏感算子；汉语语义焦点性质、交际动态性与多焦点结构、汉语焦点的强弱级差、焦点敏感算子的辖域问题等。

焦点关联现象是指焦点的位置影响句子的真值的现象，焦点的位置之所以会影响句子的真值是因为句中出现了某些与焦点关联的成分，这些成分就是焦点敏感算子。不同的焦点敏感算子之间既有共性也有个性。其共性表现在：①算子在语义上必定与句子中的焦点相关联，从而对句子的语义解释产生影响。②算子的位置与一定的焦点相关联，也与一定的焦点结构相联系。而具体的算子如何与焦点关联，如何影响句子的语义解释和焦点结构则依算子的不同而表现出不同的个性特征。算子对句子的语义影响依赖于对句子中与其相关的两个成分的解释：①算子关联的焦点；②算子的辖域。

与算子关联的焦点一般被称为语义焦点，关于语义焦点的性质历来看法不一，本书认为焦点的性质只有一种，凡焦点都是韵律上突出的成分，是话语表达中的语义重点。不同的焦点只有因其受强调程度的不同而有强弱的差别，程度的高低，而没有根本性质的对立。语义焦点不是一种特殊性质的焦点。

从交际的过程来看，交际的动态性使得一个简单句可以有主次不同的多种焦点，形成多焦点结构。回答当前问题的焦点是句中的主要焦点，与句子的强式焦点重合且只有一个，可以用问答法确定，次要焦点一般是在交际过程中随会话的推进而保持的焦点。

在多焦点的简单句中，不同的焦点会采用不同的标记手段，各种手段标记的焦点呈现如下的强度级差：

对比焦点（纯重音标记）＞认定焦点（"是"标记）＞常规焦点（语序标记）

根据这个焦点强度级差，我们提出确定句子中的主要焦点和次要焦点的原则，如下：

在普通的无标记的句子中，句末成分是句子的主要焦点。但如果有对比重音，则对比重音标记的成分为句子的主要焦点。

在"是"字句中，正常情况下，"是"标记句子的主要焦点，句末成分仅在得到"是"标记时才是主要焦点。如果有加强的对比重音，则加强对比重音标记的成分为主要焦点，"是"标记的成分为次要焦点。

焦点敏感算子的辖域就是算子发挥作用的范围，由所有该算子语义所能关联的成分构成。焦点只能在算子的辖域中才能和算子关联，焦点敏感算子的辖域依算子的不同而不同。

第三章　焦点敏感算子"只"的浮动性特征

本章考察焦点敏感算子"只"的浮动性特征。首先一一考察关于算子浮动性的不同观点，通过比较不同算子的句法分布，证明了算子的浮动性是算子的个性，这种个性反映了算子自身的重要句法特征。然后具体考察算子"只"的浮动性的限制，重点分析"只"在复杂谓词结构中的浮动限制。最后对"只"在话题／主语和宾语前分布的不对称现象给出解释，对"只"在肯定句和否定句中的不对称现象进行描写，并提出了几种可能的解释。

3.1　问　题

焦点敏感算子的浮动性指的是算子在句子中的位置分布特点，它是焦点敏感算子的重要句法特征，因为算子的位置与一定的焦点相关联，也与一定的焦点结构相联系。在以往的研究中，算子的浮动性仅作为焦点表达的手段受到关注，König（1991）通过对英语和德语中焦点敏感算子的研究，认为算子的位置灵活是算子重要的共性特征。徐烈炯（2001、2005）以 if 和 must 为例说明了英语和汉语的焦点敏感算子句法上的不同：英语中的焦点敏感算子往往属于不同的语类，句法位置多半比较固定，汉语中用作焦点敏感算子的词语语类比较一致，绝大多数是副词，在语序方面有较大的灵活性。徐烈炯（2001）还说明，"算子浮动性是汉语表达焦点的一大特点，以匈牙利语为代表的许多语言靠浮动焦点所在的成分来表现焦点所在，而在汉语中通过算子变换位置来表现，相比之下，汉语中不能用作焦点敏感算子的词语在语序方面并不都有如此大的灵活性"。在这里,汉语算子的浮动性特点获得了重要的语言学价值,既有区分不同语言如何表达焦点的类型学意义,又有区分汉语焦点敏感算子和非焦点敏感算子的价值。刘探宙(2008)便据此提出以浮动性测试来判断一个成分是否为焦点敏感算子。

对比 König 和徐烈炯的观点,我们看到的是两种相反的意见,König 认为位置变化是算子的共性,至少是英语和德语中焦点算子的共性。而徐烈炯则认为,算子的浮动性是汉语的焦点敏感算子区别于英语中的焦点敏感算子的个性。究竟算子的浮动性是所有算子的共性还是不同算子的个性?是共性,说明了什么问题?是个性,具体的算子的个性如何?这些问题还值得深入研究。研究清楚了,有助于增进对焦点敏感算子的了解和认识。

3.2 共性还是个性?从比较的角度看

在这一部分,我们将通过比较的方法,考察不同语言中语义相当的焦点敏感算子及同一语言中语义不同的焦点敏感算子的浮动性特点,回答算子的浮动性究竟是算子的共性还是个性的问题。首先比较汉语中的"只"和英语中的 only,然后比较汉语中的"只"、"最"和"也"的浮动性情况,最后比较汉语中算子和非算子的情况,这样逐步分析,得出结论。

首先,我们比较"只"和 only 的浮动性。

汉语中的"只"和英语中的 only 在语义上相当,是典型的焦点敏感算子。它们在句法上有一些共同的分布,也有一些不同的分布。

"只"和 only 的共同分布是:紧邻主语之前,如例(1)(2);紧邻状语之前,如例(3)(4);紧邻谓语动词之前,如例(5)(6):

(1)Only a soft gloom entered the office.只一缕微弱的光线透进了洽谈室。

(2)Only a skillful worker can do it.只有熟练的工人能胜任它。

(3)Only in this way can we wipe out the enemy troops.我们只有以这种方式才能消灭敌军。

(4)我们因为时光已晚,来不及到乡村里去,只在岸滩照了几张照片,

就迎着落日回船。（叶圣陶《记游洞庭西山》）

（5）I only saw Mary . 我只看见了玛丽。

（6）After all, february only has twenty-eight days. 毕竟，二月只有二十八天。

Only 还有一些 "只" 没有的分布，only 能在表语或宾语之前，还可以在表示时间或处所的补语之前，也可以在句子末尾，这些都是汉语中的 "只" 不能出现的位置。我们通过比较英语的例句和它的汉语译文可以清楚地了解到这一点，在下面的一些具体的实例中，按照英语语序逐词对译组成的汉语句子不合格，必须调整"只"的位置，使 "只" 处在动词前，句子才可以接受：

（7）a. He speaks only French.

　　　他　讲　　只　法语

　　　他只讲法语。

b. He is only a child.

　　　他　是　只　一个　小孩

　　　他只是一个小孩。

c. He speak only for　two　minutes.

　　　他　讲　　只　（介词）两　分钟

　　　他只讲了两分钟。

d. He has　been camping　　　　　　　only in　Ireland.

　　　他　（现在完成）扎营（进行时标记）　只 在　爱尔兰

　　　他一直只扎营在爱尔兰。

e. John phoned Mary today only.

　　　约翰　打电话　玛丽　今天　只

　　　约翰只今天给玛丽打了电话。

比较英语中的 only 和汉语中的 "只" 的句法分布得出：only 的句法分布比 "只" 更加广泛，浮动更加自由。汉语 "只" 不能进入动宾短语内部，动补短语内部，only 都可以自由进入，并且 only 还能居于句末。相应于这种句法分布上的情况，英语中的 only 在标记焦点时位置浮动更灵活，可以在焦点前，也可紧随其后。例如：

（8）a. Only **Fred** could have shown the exhibition to Mary.

　　b. **Fred** only could have shown the exhibition to Mary.

　　c. Fred could only have **shown** the exhibition to Mary.

　　d. Fred could have shown only **the exhibition** to Mary.

　　e. Fred could have shown the exhibition only to **Mary**.

　　f. Fred could have shown the exhibition to **Mary** only.（引自
könig, 1991:10）

　　通过对比汉语和英语中某些典型算子的分布，我们看到浮动性不是汉语算子独有的个性。徐烈炯（2005）用 if 和 must 和汉语中的"如果"、"必须"相比较，来证明英语中的算子句法位置固定而汉语中的算子位置灵活，具有一定的片面性，而且所见的文献，如 Partee（1991）、Rooth（1996）都认为反事实（counterfactual）语句是焦点敏感的结构，if 是否为焦点敏感算子还没有得到证明。

　　那么浮动性是否为所有汉语焦点敏感算子的共性呢？我们通过比较汉语算子的浮动性情况来证明。

　　汉语中的"也"和"最"在句中出现的时候，也会随着焦点的位置不同而关联不同的对象，使句子的语义发生改变，它们也是焦点敏感算子。

　　副词"最"的位置很受限制，它只能位于动词或形容词前，紧靠动词或形容词，构成"最 VP/AP"，整个"最 VP/AP"在功能和语义上相当于英语的最高级结构，一般充当句子的谓语，或者关系化后充当句子某成分的定语的一部分。如果从简单句 [1] 的角度观察，"最 VP/AP"充当的句法成分主要就是谓语。"最"不能离开它所修饰的谓词在句中自由浮动。

　　"也"可以位于介词和谓词前，但是不能直接位于体词性成分前 [2]，因此"也"比"最"稍微自由一些，能出现在状语前，也能紧邻谓语中心词，但是比"只"受限制一些，不能出现在句首位置。

　　下面的例子清楚地显示了汉语中的"只"和"也"及"最"的浮动性差异：

　　（9）a. 只老王在年轻时喜欢英语。

---

[1]　简单句不等同于单句，而是指不嵌套小句（clause）结构的单句。

[2]　口语中有"他今年二十，我也二十"的说法，这只是一种口语中的承前省略，不是"也"的常态分布。

  b. ＊也老王在年轻时喜欢英语。

  c. ＊最老王在年轻时喜欢英语。

（10）a. 老王只在年轻时喜欢英语。

  b. 老王也在年轻时喜欢英语。

  c. ＊老王最在年轻时喜欢英语。

（11）a. 老王在年轻时只喜欢英语。

  b. 老王在年轻时也喜欢英语。

  c. 老王在年轻时最喜欢英语。

  "只"、"最"和"也"的浮动性比较说明浮动性不是汉语焦点敏感算子的共性。一方面，汉语中的算子并非都能浮动；另一方面，对于可浮动的算子而言，它们浮动的自由度也不相同。

  如果我们把眼光投向算子之外，我们还可以发现汉语中的非焦点敏感算子在句子中的位置也很灵活，具有浮动性特点。不仅是某些焦点敏感算子，很多词语都没有固定的句法位置[1]，充分表现出语序灵活的特点，下面的句子中"老张"、"红酒"、"不"和"喝"几个词，除了"不"与"喝"的位置相对固定，其他词的位置都是浮动的，尤其是"红酒"的位置非常灵活：

（12）a. 老张不喝红酒。

  b. 老张红酒不喝。

  c. 红酒老张不喝。

  这说明汉语词语在句中的位置浮动与汉语的句法有关，而与词语本身是否为焦点敏感算子无关。

  总之，通过上面的对比，我们认为汉语焦点敏感算子的浮动性特征，对内不具有一致性，对外不具有排他性，浮动性并不是所有算子共有的本质的特性。能否浮动取决于算子自身的句法功能，与其是否为算子无关。

---

  [1] 这里说的没有固定的句法位置，是说它们在句子中充当的语义角色及与其他成分之间的语义关系不变的情况下的位置变化。

3.3　"只"的浮动性特征考察

上文我们通过对比说明，算子"只"的浮动性是"只"自身的特性。这一部分我们分析与"只"的浮动性有关的几个问题，包括"只"在句中浮动的具体表现、浮动的原因、浮动的制约因素。这三个方面是互相联系，环环相扣的，浮动性的表现就是"只"在一个结构中能出现在哪些位置，不能出现在哪些位置；浮动的原因就是为什么能出现在某些位置；浮动的制约因素也就是为什么不能出现在某些位置。

"只"可以直接位于名词性、动词性和形容词性成分前面，限定的对象可以是动作涉及的事物、事物数量、动作本身及动作的可能性，在句法修饰对象和语义限定对象的选择方面都有很大的灵活性。因此，当"只"进入句法结构中时，"只"可以位于句中不同的成分前面。

"只"的浮动性特点表现在：在同一个词类序列中，"只"可以插入不同的位置，从而呈现出位置灵活的特点。如例（13）中，"只"可以分别插入不同的位置，如例（14）所示：

（13）我们星期一上午有体育课。

（14）a. 只我们星期一上午有体育课。

　　　b. 我们只星期一上午有体育课。

　　　c. 我们星期一只上午有体育课。

　　　d. 我们星期一上午只有体育课。

上例中，"只"从左到右分别位于主语"我们"、状语"星期一"、状语"上午"和谓语中心词"有"之前。

值得注意的是，随着"只"在句子中位置的不同，句子的重音位置也发生了变化，一般地，重音落在紧跟在"只"的后面的成分上[1]。相应地，我们对句子的理解也不相同。分别为：

（15）a. 其他人星期一上午没有体育课。

---

[1]　最后一例，自然的情况下，重音落在"体育课"上。

    b. 我们其他时间的上午没有体育课[1]。

    c. 我们星期一其他时间没有体育课。

    d. 我们星期一上午没有其他课。

本书第一章强调，句中韵律突出的成分就是句子的焦点，所以，算子"只"在句中的不同位置，体现了不同的焦点。这些成分之前都可以加上焦点标记"是"，这就是徐烈炯所说的算子标记焦点的特性。

可见，不同的焦点表达的需要是驱动焦点敏感算子浮动的重要因素。我们知道焦点的位置是不受限制的，如果用重音来标记焦点的话，重音的位置几乎可以落在任何成分上[2]，那么算子标记焦点有没有限制，即算子的浮动有没有限制？

徐烈炯认为，算子一般紧靠在焦点成分之前，但是它们和焦点标记一样，不能进入名词词组和动词词组之内。上面（14d）重音在"体育课"上，但是"只"只能在"有"前，不能在"体育课"前。

"只"的浮动限制是否如此简单？以下的例子显示，情况并不简单：

（16）a. 他在家学习英语。

    b. 他认真学习英语。

这两句的句子结构都是主状动宾，差别在于，（16a）中状语表示地点，（16b）中状语表示的是主语的态度。（16a）中"只"在主语"他"后可以有两个位置：

（17）a1. 他只在家学习英语。

    a2. 他在家只学习英语。

而（16b）中，"只"在主语"他"后只有一个位置：

（18）b1. 他只认真学习英语。

    b2. ＊他认真只学习英语。

---

[1] 对 b 还有另外的两种理解，分别为：我们星期一其他时间没有体育课；我们其他时间没有体育课。三种理解没有优先差别，或者差别不大。此处为了对比仅列一种。

[2] 结构性的虚词一般不能负载重音，所以即使该虚词表达的语义是强调的中心，也不能负载重音，如：

A：这件行李你搬得动搬不动？

B：搬得动。

该例中，表示可能的"得"是表达的重点，但是不能负载重音。

同样是主状动宾的格式，"只"有时可以在格式中浮动，有时却又不行，可见，"只"的浮动除了句法之外还另有其他限制。"只"的浮动究竟有何限制，如何解释这些限制？

下面我们从三个方面具体分析"只"的浮动性："只"在复杂动词结构中的浮动限制、"只"在主语（话题）/谓语和宾语前分布的不对称、"只"在肯定句和否定句中的不对称。

3.3.1 "只"在复杂动词结构中的浮动限制

复杂动词结构[1]有主谓结构，述宾结构，述补结构，状中结构和复杂的连谓结构、递系结构和连锁结构。因为"只"的浮动范围基本上在谓语动词前，不大能进入述宾结构中[2]。所以本部分着重考察"只"在述补、状中、连谓、递系和连锁结构中的情况。

由于讨论浮动限制，涉及"只"在修饰复杂动词性结构中可能的分布和不可能的分布，这就不能完全从语料库的材料分析，因为采用语料库搜索到的语料分析，只能归纳其可能的分布，不能得到该词语不可能的分布。所以我们采用插入法分析，即在一个结构的各个成分之间插入"只"，看看是否成立，不能成立就说明"只"不能浮动到该位置，能成立就说明该词语可以浮动到该位置。这种分析多少有点内省的性质，在语感方面会有差别，但笔者也经过了一定范围的调查求证。

经过分析，我们发现"只"在修饰复杂动词结构时呈现出如下的面貌。

3.3.1.1 "只"修饰述补结构

北大中文系现代汉语教研室编写的《现代汉语》[3]从语义的角度把述补结构的补语分为六种：结果补语、趋向补语、可能补语、程度补语、时间补语和处所补语，我们依据所带补语的种类把述补结构也分为相应的六类。

用插入法来测试，我们发现六种述补结构，除了带程度补语的述补结构之外，其他述补结构在不带宾语的情况下，不能受"只"修饰，结构内部也不能插入"只"。不能插入"只"的原因和"只"的语义（关于"只"的语义我们在下一章解释）相关。

---

[1] 复杂动词结构的分类根据北京大学中文系现代汉语教研室编写的《现代汉语》教材的体系。

[2] 谓宾动词作谓词的宾语时，"只"可以进入结构之内，可以根据句法的递归性特点做出类比分析。因此也不在此处分析。

[3] 如无特别说明，下文《现代汉语》皆指北京大学中文系现代汉语教研室编写的。

关于 "只" 的语义我们在下一章解释。我们简单说明如下：

　　"只" 表示除此之外没有别的，它限定某对象时既肯定该对象的情况是真实的，同时也排除其他相关的状况为不真实的。所以它在句中的使用要求它限定的对象一定能激发相关的选项，也就是该对象与其他成分组成的语义体是能预测的，并且能判断为非真的，实际上，也就是 "只" 的焦点敏感的意思。比如下面的（19b）句，"技术只学会了"，"只" 位于 "学会了" 之前，如果句子要获得解释，我们就需要有一些选项 x 来代替 "学会了"，组成 "技术 x"，并且判定 "技术 x（$x \neq$ 学会了）" 不是真的。但是从单个句子 "技术只学会了" 获得的刺激不能激发我们的联想，使我们获得关于 "技术 x（$x \neq$ 学会了）" 的确定的内涵。下面的种种不能插入 "只" 的情况几乎都与此相关。

　　　　（19）a. 技术学会了。

　　　　　　　b. * 技术只学会了。

　　　　　　　c. * 技术学只会了。

　　　　（20）a. 小张跑出去了。

　　　　　　　b. * 小张只跑出去了。

　　　　　　　c. * 小张跑只出去了。

　　当带宾语时，"只" 只能位于动词前，而不能插入结构中，"只" 在语义上限定宾语。如：

　　　　（21）a. 技术只学会了一部分。

　　　　　　　b. * 技术学只会了一部分。

　　　　（22）a. 小张只跑出去了三次。

　　　　　　　b. 小张跑只出去了三次。

　　程度补语中，比较凝固化的述补结构，整个结构不能受 "只" 修饰，结构中也都不能插入 "只"，个别结构有人认为能整体受 "只" 修饰，但是表示强调而不表示限定。如：

　　　　（23）a. 鹅毛般的大雪一直下个不停。

　　　　　　　b. ? 鹅毛般的大雪一直只下个不停。

　　　　　　　c. * 鹅毛般的大雪一直下个只不停。

　　述补结构中的补语是带"得"的程度补语时，补语和述语的语义选择限制比较松[1]，补语可以是各种不同的形式，情况就比较复杂，如下：

　　当补语是光杆形容词[2]时，整个述补结构不能受"只"修饰，也不能在述语和补语之间插入"只"，如：

　　　　（24）a. 他的工作做得细致。

　　　　　　　b. *他的工作只做得细致。

　　　　　　　c. *他的工作做得只细致。

　　当"得"后补语为主谓结构时，如果作小句主语[3]的名词成分能用"把"字提前，整个述补结构能受"只"修饰，"只"也可以位于"把"前，也可以位于"把"字宾语后动词前的位置。"只"的作用是表示强调，而不是表示限定，语义上没有特别的指向。但是，"只"不能插入述语和补语之间，也不能插入补语小句内部的成分之间，如：

　　　　（25）a. 打得敌人死的死逃的逃。

　　　　　　　b. 把敌人打得死的死逃的逃。

　　　　　　　c. 把敌人只打得死的死逃的逃。

　　　　　　　d. 只把敌人打得死的死逃的逃。

　　　　　　　e. 只打得敌人死的死逃的逃。

　　　　　　　f. *打得只敌人死的死逃的逃。

　　　　　　　g. *打得敌人只死的死逃的逃。

　　如果"得"后补语为主谓结构，作小句主语的名词成分不能用"把"字提前，那么"只"不能修饰整个述补结构，只能插入述语和补语之间。"只"约束补语小

---

[1]　有一些带"得"的程度补语结构是较为凝固化的表达，表示述语所达到的程度很深的意思，它们是：～得慌／不得了／得了不得／得要命／得够呛／得很。这一类补语不能带宾语，补语和述语之间不能插入"只"。但是整个结构有时能受"只"修饰，此时"只"不是表示限定范围，而是表示强调，如：

　　a. *累得只慌／得只不得了／得只了不得／得只要命／得只够呛／得只很

　　b. ?只累得慌／不得了／得了不得／／得够呛／得很

　　c. 只累得要命／只气得不得了。

[2]　这里的形容词包括朱德熙先生所说的性质形容词和状态形容词。

[3]　此时我们认为补语是一个小句，小句主语就是该主谓结构的主语。

句的主语 NP。

（26）a. 搞得我一个人过不了关。

　　　b. * 把我搞得一个人过不了关。

　　　c. 搞得只我一个人过不了关。

　　　d. * 只搞得我一个人过不了关。

　　　e. * 搞得我一个人只过不了关。

当补语是状中结构时，如果该状中结构能独立被 "只" 修饰，那么 "只" 不能修饰整个述补结构，可以插入述语和补语之间，"只" 语义上指向该状中结构的状语部分。"只" 在状中结构中的情况，下文会有分析：

（27）a. * 她们只跑得很快。

　　　b. * 她们跑得只很快。

　　　c. 她们跑得只比蜗牛快。

　　　d. ? /* 她们只跑得比蜗牛快（一点）。

当补语本身是能独立受 "只" 修饰的述宾结构时，"只" 可以插入述语和补语之间，"只" 语义上约束该述宾结构的宾语。"只" 不能修饰整个述补结构。

（28）a. 这个月的工资已经用得只剩几块钱了。

　　　b. ? /* 这个月的工资已经只用得剩几块钱了。

总之，从能受 "只" 修饰的表示程度的述补结构看，只有当带 "得" 的程度补语本身有一些成分能激发选项时，该述补结构才能受表示限定的 "只" 的修饰。带 "得" 的程度补语，要么整个结构受 "只" 修饰，要么 "只" 插入结构中间，二者不能得兼，如：

（29）a. ? 急得我答对了三道题。

　　　b. * 只急得我答对了三道题。

　　　c. 急得我只答对了三道题。

　　　d. 急得我答错了三道题。

　　　e. 只急得我答错了三道题。

　　　f. * 急得我只答错了三道题。

当补语部分为状中或者述宾结构时，"只"插入该述补结构中间，表示限定。当述补结构中述语后的名词能用"把"字提前时，整个述补结构受"只"修饰，"只"的作用是表示强调，而不是表示限定。

为什么"只"的位置有别，其相应的意义也有不同？

因为带"得"的程度补语是表示述语所达到的程度或状态，这种程度或状态在语义上是增强加深的。当整个结构受"只"修饰时，"只"的排他性引申出了强调的意义，强调只有这一个状态出现。而当"只"位于述补结构之间时，"只"往往是对该状态涉及的事物作出范围上的限定。以上的例子对这一点有明确的显示。

3.3.1.2　"只"修饰状中结构

"只"在某些状中结构中的位置也是受限的，据北大版《现代汉语》，充当状语的成分有副词、形容词、状态词、数量词、拟声词、比况性并列短语和介词结构，其中形容词、状态词、动量短语、拟声词、比况性并列短语作状语时，状语都是描写性的，描写动作情状或者主宾语的状态，"只"不能插入状语和中心词之间，只能位于整个状中结构前，状中结构中的谓语动词后面往往要求带有宾语，如：

（30）a. 热热地喝了一口茶。

　　　b. *热热地只喝了一口茶。

　　　c. 只热热地喝了一口茶。

动量短语作状语时，"只"只能位于动量词前，量词后必须有"就"，形成"只＋动量＋就＋……"格式，"只"指向该数量短语，限定条件。量词后没有"就"，句子不成立。

（31）a. 这个老牧民一把拉住脱了缰的马，拯救了这几个孩子的生命。

　　　b. *这个老牧民一把只拉住脱了缰的马，拯救了这几个孩子的生命。

　　　c. ? 这个老牧民只一把拉住脱了缰的马，拯救了这几个孩子的生命。

　　　d. 这个老牧民只一把就拉住脱了缰的马，拯救了这几个孩子的生命。

拟声词作状语、比况性并列结构作状语，"只"只能在整个状中结构前，并且结构是不自足的，必须出现在一定的语境中，如：

（32）a. *小河里的水哗哗地只向前流着，不肯为可怜的小姑娘停留。

　　　　　　b. 小河里的水只哗哗地向前流着，不肯为可怜的小姑娘停留。

（33）a. *妈妈拼死拼活地只劳作在田间地头，完全没有喘息的机会。

　　　　　b. 妈妈只拼死拼活地劳作在田间地头，完全无暇顾及自己的健康。

和上面的几种状语不同，介宾结构作状语往往会引入新的语义角色参与到句子结构中，这些语义角色由介词引入，是构成句子语义的重要语义格。如果是介宾结构作状语，总的来说，"只"可以在整个结构前，也可以在状语和中心语之间，呈现出较大的自由。实际上，我们通常用来说明"只"的位置灵活的例句，基本上都是这种类型的状中结构作谓语的例子。当介宾结构为处所状语、时间状语、方式状语、比较状语、关系人物状语和把字结构时，"只"都可能有浮动的自由。在语义上，当"只"在介词前出现时，"只"优先约束介词宾语；当"只"插入介宾状语和谓词之间时，它优先约束动词后的宾语或者数量补语等成分，或者约束"只"后的整个结构成分。下面是一些实例：

（34）a. 在家中看电视。

　　　　　b. 只在家中看电视。

　　　　　c. 在家中只看电视。

（35）a. 在周一上一节课。

　　　　　b. 在周一只上一节课。

　　　　　c. 只在周一上一节课。

（36）a. 用显微镜观察一下这些细菌。

　　　　　b. 只用显微镜观察一下这些细菌。

　　　　　c. 用显微镜只观察一下这些细菌。

（37）a. 比我高一点。

　　　　　b. 只比我高一点。

　　　　　c. 比我只高一点。

（38）a. 跟妈妈打了三次电话。

　　　　　b. 只跟妈妈打了三次电话。

　　　　　c. 跟妈妈只打了三次电话。

（39）a. 把绿化当作一种"任务"。

　　　　b. 只把绿化当作一种"任务"。

　　　　c. 把绿化只当作一种"任务"。[1]

　　不过对于各种具体的结构，"只"的浮动性并不如此自由。一般说来，"只"在介词前的出现不怎么受限制，而在谓词前出现受到的限制就比较多。首先，介词结构是目的状语时，"只"不能在状语和中心词之间，只能在介词前出现，限制目的。如：

（40）a. 为中华崛起读书。

　　　　b. 只为中华崛起读书。

　　　　c. *为中华崛起只读书。

　　其次，当介宾结构为处所状语、时间状语、方式状语、比较状语时，虽然"只"可以有两种可能的位置，但是"只"很多时候不能在谓词前出现，只能在介宾结构之前出现。也就是说，在这些结构中，"只"在介词结构前出现是自由的，而在谓词前出现是受限的。比如：

（41）a. 在北京开会。

　　　　b. 只在北京开会。

　　　　c. ? 在北京只开会。

（42）a. 在周一工作。

　　　　b. 只在周一工作。

　　　　c. ? 在周一只工作。

（43）a. 用毛笔写信。

　　　　b. 只用毛笔写信。

　　　　c. *用毛笔只写信。

（44）a. 比我写得好。

　　　　b. 只比我写得好。

　　　　c. *比我只写得好。

（45）a. 跟妈妈打电话。

---

　　[1] 只有动词为"当作、看成"等这类词时，"只"才能在"把"的宾语后与主句动词前之间的位置，据语料库统计，在"把"字句中只有 25 例这样的用例。

  b. 只跟妈妈打电话。

  c. ？跟妈妈只打电话。

  而在把字句和被字句中，"只"绝大多数情况下位于"把"、"被"之前的位置，极个别的情况下位于介宾结构和谓词之间，其中的制约因素还待进一步研究。

（46）a. 把大门关上。

  b. 只把大门关上。

  c. *把大门只关上。

（47）a. 被敌人发现了地下交通站。

  b. 只被敌人发现了地下交通站。

  c. *被敌人只发现了地下交通站。

3.3.1.3 "只"在复谓结构中的情况

  复谓结构是谓词性词语连用的结构，可分为连谓结构、递系结构[1]和连锁结构三种。"只"在这些结构中的浮动性情况也各不相同。我们分别考察如下：

  首先看"只"在连谓结构中的浮动性情况。

  连谓结构是两个谓词性结构连用，但彼此不是并列或选择关系的结构，可以记作 VP1VP2；根据结构内部各个谓词性结构的语义关系，连谓结构有不同的类型。连谓结构类型不同，"只"在结构中的浮动性情况也不一样。

  当 VP2 是 VP1 的目的时，"只"可以在结构前和结构中的位置上浮动，句子的语义重心在 VP2 上，"只"限定的对象也是 VP2：

（48）a. 上街买菜 / 骑车带人。

  b. 只上街买菜 / 只骑车带人。

  c. 上街只买菜 / 骑车只带人。

（49）a. 进去取个暖。

  b. 只进去取个暖。

  c. 进去只取个暖。

  当 VP2 表示 VP1 的结果时，如例（50a），或者 VP1 表示 VP2 的原因或假设时，

---

  [1] 递系结构一般被称作兼语结构，本书其他部分也将其称作兼语结构，此处因为是采取的北大教材的语法分类体系，故遵从教材称为递系结构。

如（51a），"只" 既不能插入两个谓词性结构间，也不能位于整个结构前，分别如各例中 b、c 所示：

    （50）a. 中弹牺牲了。

        b. * 只中弹牺牲了。

        c. * 中弹只牺牲了。

    （51）a. 有事不能来。

        b. * 只有事不能来。

        c. * 有事只不能来。

VP1 表方式时，或者 VP1 和 VP2 为时间上先后发生的两件事时，"只" 有时能位于整个结构前，限定整个结构，不能插入结构中间。下面的（52）是 VP1 表方式的例子，（53）中 VP1 和 VP2 为时间上先后发生的两件事，两例中的 "只" 都只能位于整个结构前：

    （52）a. 低着头走路。

        b. 只低着头走路。

        c. * 低着头只走路。

    （53）a. 拿起工具就下了地。

        b. 只拿起工具就下了地。

        c. * 拿起工具只就下了地。

VP1 和 VP2 为时间上先后发生的两件事时，有时 "只" 不能出现在结构中的任何位置：

    （54）a. 写好报告交给站在旁边的通讯员。

        b. */？只写好报告交给站在旁边的通讯员。

        c. * 写好报告只交给站在旁边的通讯员。

如若 VP1 和 VP2 一个为肯定式，一个为否定式，肯否复陈，从正反两个方面说明同一事实。"只" 不能插入两个谓词性结构间，但是有时能位于整个结构前，如：

    （55）a. 拽住我们不放。

        b. 只拽住我们不放。

　　　　　　　c. ＊拽住我们只不放。

　　（56）a. 板着脸不笑。

　　　　　　　b. ＊只板着脸不笑。

　　　　　　　c. ＊板着脸只不笑。

　　VP2 为形容词时，结构体在语义上表示事物的特点，相当于一个形容词。"只"不能插入两个谓词性结构间，如果"只"位于整个连谓结构前，句子往往采用对比说明的形式，"只"表示轻微的转折，限定的作用很弱。

　　（57）a. 闻着挺香，吃起来并不好吃。

　　　　　　　b. 只闻着挺香，吃起来并不好吃。

　　　　　　　c. ＊闻着只挺香，吃起来并不好吃。

　　总之，连谓结构除了 VP2 为 VP1 的目的时，"只"在结构中的位置可以浮动外，其他的情况下，"只"都不能浮动。有时"只"能位于整个结构前，有时"只"不能出现在结构中的任何位置。

　　再看"只"在递系结构中的浮动性情况：

　　递系结构我们记作：V1 ＋ NP ＋ VP2，它的前一个谓词性结构一定是述宾结构，这个述宾结构的宾语 NP 和后面的谓词性成分 VP2 在语义上有某种联系。或者是后面谓词性成分的施事、或者是后面谓词性成分的受事、或者是后面谓词性成分说明的对象。述宾结构的宾语和后面谓词性成分语义关系不同，"只"在其中的位置浮动限制也不一样。

　　当前面述宾结构的宾语为第二个谓词性成分的施事时，"只"可以位于整个结构前，限定整个结构，或者限定述宾结构的宾语，或者限定第二个谓词性结构，具体限定对象由重音确定。有时"只"也可以在第二个谓词成分前，语义上限定第二个谓词性结构的宾语。"只"的位置不同，在结构中关联的对象也不一样。

　　（58）a. 只请老张来家做客。

　　　　　　　b. ＊请老张只来家做客。

　　（59）a. 只让老张买环保产品。

　　　　　　　b. 让老张只买环保产品。

　　有一类特殊的宾语为施事的递系结构：第一个谓词性结构的谓词是"有"或者

"是"，称为"有字 / 是字无主句"，在"有"字句中，"有"的宾语只能是无定的形式，或者是光杆名词，或者是数量短语。如果第二个谓词性结构是光杆动词，"只"不能插入该递系结构中，如：

（60）a. 有人来了。

　　　b. *只有人来了。

　　　c. *有人只来了。

如果"有"后是数量短语，那么无论第二谓词性结构是什么性质，"只"都可以修饰"有"，如：

（61）a. 有三个人来了。

　　　b. 只有三个人来了。

　　　c. *有三个人只来了。

（62）a. 有几个社员在种白菜的那一片地里泼水、灌粪。

　　　b. 只有几个社员在种白菜的那一片地里泼水、灌粪。

　　　c. ? 有几个社员只在种白菜的那一片地里泼水、灌粪。

　　　d. ? 有几个社员在种白菜的那一片地里只泼水、灌粪。

"是"字句中，"是"既可以表示判断，又可以标记焦点，单纯表示判断时，它以后面的整个主谓结构[1]为宾语，整体构成焦点句，不是严格意义上的递系结构，不能受"只"修饰，如果后面的谓词性结构是表示完成的，"只"不能插入 NP 后位置，如（63）；当"是"后的 NP 重读时，"是"同时有焦点标记的作用，标记 NP 为焦点。"只"在"是"前，"只是"可能表示轻转的语气，可能表示"只＋是"，"只"在语义上限定"是"的宾语 NP，从而导致句子有时会有歧义，如（65b）可以有两种理解，既可以理解为"只有我的眼睛是瞎的，其他人的眼睛都很好"，也可以理解为"事情本来会是另外的状况，但是我没有看清事情的真相（或者因为我的眼睛瞎了），所以导致目前的状况"。前一种理解，句中"只是"为短语"只＋是"，"只"在语义上限定"我"；后一种理解，"只是"表示轻转的语气，"只"不限定句中的某一成分。"只是"具体什么情况下会有歧义是一个复杂的问题，有待另文研究。

---

[1]　为称述的方便，把递系结构中第一个谓词的施事宾语和第二个谓词性结构合起来称作主谓结构。

"只" 有时能在 NP 后出现，如（64c），有时不能如（65c）：

(63) a. 是共产党把她从火坑里救了出来。

　　 b. ＊只是共产党把她从火坑里救了出来。

　　 c. ＊是共产党只把她从火坑里救了出来。

(64) a. 是老张吃面包。

　　 b. 只是老张吃面包。

　　 c. 是老张只吃面包。

(65) a. 是我瞎了眼。

　　 b. 只是我瞎了眼。

　　 c. ＊是我只瞎了眼。

　　递系结构中前一个述宾结构的宾语为第二个谓词的受事时，"只" 不能插入两个谓词性结构间，但可位于整个结构前，语义上限定其后的整个结构。

(66) a. 我翻个筋斗你看看。

　　 b. 我只翻个筋斗你看看。

　　 c. ＊我翻个筋斗只你看看。

　　 d. ＊我翻个筋斗你只看看。

　　前面述宾结构的宾语是后一个谓词性词语的说明对象时，该宾语和其后的谓词性词语构成了一个小句。"只" 可位于整个结构前，语义上可关联第一个谓词的宾语，也可关联第二个谓词性结构，还可关联整个结构，具体关联哪个成分由重音确定。如：

(67) a. 嫌他年纪大。

　　 b. 只嫌他年纪大。

　　 c. ＊嫌只他年纪大。

(68) a. 称赞他勇敢。

　　 b. 只称赞他勇敢。

　　 d. ＊称赞他只勇敢。

"只" 也可以位于第二个谓词性结构前，关联该谓词的状语或者宾语，如：

(69) a. 称赞他以人民利益为重。

　　　　b. 只称赞他以人民利益为重。

　　　　c. 称赞他只以人民利益为重。

　　（70）a. 骂我是个废物。

　　　　b. 只骂我是个废物。

　　　　c. 骂我只是个废物。

　　"只"在连锁结构中的浮动性情况又如何呢？

　　连锁结构是复句紧缩后的结构，结构中前后两个谓词性词语靠某些有关联作用的虚词联系在一起。由于虚词之间的连用限制，"只"不能插入两个谓词性结构间；如果"只"位于结构前，"只"或者是以整体为限定对象，或者是以其后某成分为限定对象，但是"只"不能以全句为其限定对象，因此"只"也不能位于整个结构前，同时连锁结构成分之间不能分割，一个成分对另一个成分的选择很受限制，所以"只"也不能以某一成分为限定对象。下面是一些例子：

　　（71）a. 越干越起劲。

　　　　b. ＊只越干越起劲。

　　　　c. ＊越干只越起劲。

　　（72）a. 有时间就来。

　　　　b. ＊只有时间就来。

　　　　c. ＊有时间只就来。

　　连谓结构、递系结构还可以互相嵌套形成复杂的复谓结构。或者连谓结构套连谓结构，或者递系结构套递系结构，或者连谓结构和递系结构相互套合。

　　"只"在复杂的复谓结构中的情况，按照结构的层次可以逐层分析，比如，在连谓结构中，"只"基本上只能在整个结构前，因此"只"在连谓结构套合而成的复谓结构中也只能位于整个结构前，不能插入其中，如（73）。

　　（73）a. 有事打车去公司。

　　　　b. ＊只有事打车去公司。

　　　　c. ＊有事只打车去公司。

　　　　d. ＊有事打车只去公司。

　　递系结构套合的复谓结构则允许"只"出现在不同的位置上，如下例：

（74）a. 叫你通知她去办公室。

b. 只叫你通知她去办公室。

c. 叫你只通知她去办公室。

d. 叫你通知她只去办公室。

在连谓结构和递系结构相互套合的结构中，"只"的位置也依结构层次逐层分析，如：

（75）a. 叫他们打电话请王先生来这儿。

b. 只叫他们打电话请王先生来这儿。

c. 叫他们只打电话请王先生来这儿。

d. 叫他们打电话只请王先生来这儿。

e. 叫他们打电话请王先生只来这儿。

（76）a. 没工夫陪你们开故事会。

b.？只没工夫陪你们开故事会。

c.？没工夫只陪你们开故事会。

d.？没工夫陪你们只开故事会。

3.3.1.4 小　结

"只"在复杂动词结构中的分布情况复杂多样，在其中的浮动性也就有差别，有以下倾向性的规律：

一是述补结构中的补语如果不是带"得"的程度补语，那么只有当述补结构带上宾语构成述宾结构后，才能受到"只"的限制，并且"只"只能在述语前，"只"限制的对象为述补结构后面的宾语。当补语是带"得"的程度补语时，如果补语是能用"把"将主语提前到述语前的主谓结构、或者是状中结构、或者是述宾结构，那么"只"只能位于补语前，分别限定补语小句中的主语、状中结构中的状语部分和述宾结构中的宾语部分。

二是状中结构的状语为表示时间、处所、方式和对象的介宾短语时，"只"可以在状语前和中心语前的位置之间浮动，位于状语前，"只"优先限定介词宾语，其次限定中心语部分的宾语、整个中心语、整个状中结构；位于中心语前，"只"优先限定中心语的宾语，其次整个中心语；而如果状语是其他类型，那么"只"只能位于状语前位置，语义上优先限定介词宾语，其次整个状中结构。

三是连谓结构中的 VP2 为 VP1 的目的时，"只"能在连谓结构前和 VP2 前的位置之间浮动，优先限定 VP2。对于其余的连谓结构，"只"只能位于它们的前面对整个结构表示限定。

四是递系结构中，述宾结构的宾语是后面谓词性结构的施事时，"只"可以在整个递系结构前和第二个谓词性结构前的位置上浮动。位于整个结构前时，"只"可限定第一个谓词的宾语，也可限定第二个谓词性结构，还可限定整个结构。对于其余的递系结构，"只"只能位于它们的前面对整个结构表示限定。

五是"只"不能出现在连锁结构中。如果我们从递归的角度来看，那么"只"的浮动性特点就可以概括为：当"只"在主语后时，如果谓语部分是状语为表示时间、处所、方式和对象的介宾短语的状中结构，或者是 VP2 为 VP1 的目的连谓结构，或者为述宾结构的宾语是后面谓词性结构的施事的递系结构，那么"只"可以在结构之前和结构中间浮动。随着"只"的浮动，"只"限定的对象可能发生变化，但不必然发生变化，重音在确定"只"的限定对象中起到决定作用。

决定"只"能否出现在复杂动词结构中的某一位置的因素是："只"后的成分能否激发出语义明确的选项与句中其他成分构成合适的语义结构体。这一点，我们在下一章"只"的语义解释中详细分析。

3.3.2　"只"在话题/主语和宾语前分布的不对称

"只"可以分布在名词性、动词性和形容词性成分之前，可以直接用在名词性和数量（名）短语前。当"只"位于名词性成分前时，它只能位于句首的话题/主语及名词谓语前，而不能出现在名词性宾语前，呈现出分布上的不对称现象，如：

（77）a. 只《红楼梦》我看过。

　　　b.《红楼梦》只我看过。

　　　c. *我看过只《红楼梦》。

（78）a. 我们班只十人。

　　　b. *我们班派只十人。

影响这个不对称现象的原因是什么？徐烈炯给出了一个解释："只"不能出现在名词词组和动词词组内，但是前面对"只"在复杂动词结构中的浮动性考察说明：

"只"可以出现在动词性结构中，只是有一些限制。下面的例子也说明"只"可以出现在动词词组之内。例（79）和（80）中，"只"既能出现在谓宾动词前，也能出现在谓宾动词后，当出现在谓宾动词后时，显然动词是出现在动宾短语之内的：

（79）a. 她们能只吃米饭（不吃菜）。

　　　b. 她们只能吃米饭（不能吃菜）。

（80）a. 我只断言卡尔喜欢吃青鱼。

　　　b. 我断言只卡尔喜欢吃青鱼。

　　　c. 我断言卡尔只喜欢吃青鱼。

而在下面的例（81）中，"一个懂音乐指挥的孩子"是名词性的词组，但是"只"可以插入其中，形成"一个只懂音乐指挥的孩子"的表达。可见，"只"也可以出现在名词词组之内，只是受到一些限制罢了：

（81）a. 小舟只是一个懂音乐指挥的孩子。

　　　b. 小舟是一个只懂音乐指挥的孩子。

　　进一步观察，在（79）中，"能"是谓宾动词，宾语"吃米饭"是谓词性成分，所以虽然它内包于动宾结构之中，"只"仍可以插入动宾结构，直接位于充当宾语的短语的前面。（80）也是"只"插入谓宾短语之内的实例，不过"断言"的宾语是一个从句，"只"可以出现在该从句的主语前、谓语前，特定的场合下可以出现在谓语后。（81）中的名词词组"一个懂音乐指挥的孩子"插入"只"的时候，"只"也只能插入内包的动词词组"懂音乐指挥"前，而不能插入别的成分前。这样看来，如果动宾结构的宾语也是动词性的，或者名词词组内部含有动词性成分的话，"只"就能突破徐烈炯所说的两个限制。

　　如此，本文提出如下的假设，期待这个假设能解决上面的问题：

　　"只"一定要出现在谓词性成分前，从而满足副词必须修饰谓词性成分的要求。

　　如果"只"只能位于谓词性成分前，那么"只"在主语／谓语名词前和宾语名词前的不对称现象是否可以得到解释呢？从逻辑上说，要运用这个假设解决我们的问题，只要证明"只"在各种场合修饰的名词性成分具有动词性就可以了，能不能找到这样的证据证明呢？很幸运，根据前人的研究，我们的确能找到这样的证据支持我们的假设。

　　主语位置和谓语位置的名词和宾语位置的名词具有不同的特点，主语位置的名词表达了判断，谓语部分的名词表达的是陈述，而宾语部分的名词表达的是指称。也就是说，主语/谓语部分受"只"修饰的名词前隐含着动词性成分，而宾语名词前没有隐含动词性成分。这一点有不少人注意到，并有所说明。

　　朱德熙先生在《关于先秦汉语里名词的动词性问题》中指出：汉语（包括先秦汉语和现代汉语）主语位置上的名词具有陈述性。因此主谓句包含双重陈述。朱德熙先生引述赵元任先生《中国话的文法》（2.7.1）中的阐述作为证明：

　　　　把两个零句（minor sentence）合在一起，恰好构成一个整句（full sentence）。（赵氏在同书（2.2）中说：句子可以从结构上分为整句和零句。整句有主语、谓语两部分，是连续话语中最常见的句型。零句没有主语－谓语形式。它最常见于对话以及说话和行动掺杂的场合。大多数零句是动词性词语或名词性词语。）这样我们就得出一个令人惊异然而明明白白的结论：一个整句是由两个零句组成的复句（complex sentence）。[转引自《朱德熙文集》（3）：154]

朱先生强调汉语里（包括先秦汉语和现代汉语），名词性成分只有在主语位置上才表现出陈述性，在宾语位置上和修饰语位置上没有这种性质。名词的陈述性是主语这个句法位置赋予它的。正因为如此，受必须出现在谓词性成分前的条件制约，"只"只能出现在主语名词前，而不能出现在宾语名词前。

　　为什么汉语主语位置上的名词才表现出陈述性？

　　当代语言学关于语言中主题判断（categorical judgment）和一般判断（thetic judgment）的研究对此有很好的解释：

　　Aristotle 的传统逻辑认为句子是表达命题的，而命题又可以分为主词和谓词两个部分。这一思想对西方的传统语法影响深远，直到 19 世纪末，德国哲学家 Franz Brentano 和 Anton Marty 对此提出了挑战。Franz Brentano 和 Anton Marty 认为有两种本质上不同的命题（逻辑判断方式），即主题判断（categorical judgment）和一般判断（thetic judgment）。前者实际上包含两个认知行为 [Marty 称为"双重述谓"（double predication）]，即先确定一个认知对象，然后再对这个对象加以描述，后者与前者不同，它不需要确定对象，仅包含一个认知行为（single predication），是对事件或状态的描述。也就是说，前者是一个双重判断而后者是一个简单判断。Kuroda（1972, 1992）率先把这个概念引入当代语言学中进行考察，研究了这两类命题在日语句子中的表现方式，认为日语中小品词 "ga" 和 "wa" 的分布与这两类命题之间具有对应关系。这两种判断可以通过下面的日语句子来说明（Kuroda, 1992: 20）：

（82）a. Neko ga asoko de nemutte iru.

猫　　ga　那儿　在　睡觉　正在

一只猫睡在那儿（非特指）。

b. Neko wa asoko de nemutte iru.

猫　　wa　那儿　在　睡觉　　正在

那只猫睡在那儿（有定）。

在日语中，形态标记 "wa" 表示它所附的名词短语只能是 "话题"，是 "有定" 的（"wa" 因此被称作 "话题标记"）；"ga" 表示它附加的名词短语是主语，不可能是 "话题"，因而不可能是 "有定" 的。如（82a）表达的是 "有只猫睡在那儿" 这个事件，但（82b）表示两个判断 "存在一只猫而且这只猫睡在那儿"。此后，各种语言的研究都表明自然语言根据各自的特点以不同的方式实现这两种基本的判断形式。Kiss（1995）在 Franz Brentano 和 Anton Marty 区分主题判断和一般判断的基础上，区分了话题优先语言和非话题优先语言。她认为在话题优先语言中，两种判断的差别在句法层次有所体现，匈牙利语是这种语言的代表，而在非话题优先语言中，这两种判断的区别有可能在语音层或者其他的层次体现。在匈牙利语中，"主题判断" 的句法结构是 "TP"，而 "述题判断" 只能是 "VP"。如（83）所示，英语中两种判断则都用 "主语＋谓语" 的形式表示，如（84）所示，下面的例子来自 Kiss（1995: 8）：

（83）a. T Fido VP rag egy csontot.

Fido　　咬 一个 骨头。

Fido 在啃一根骨头。

b. VP Bejott egy kutya a szobaba.

进来 一只　狗　这个　屋子。

一只狗跑进屋里来了。

c. VP Esik az eso.

下　雨

下雨了。

（84）a. Fido is chewing a bone.

b. A dog came into the room.

c. It is raining.

徐烈炯（2002b）认为 Kiss 对话题优先所下的定义也适用于汉语的语言事实。汉语是话题优先的语言，主题判断和一般判断采用不同的句法结构来表示，汉语表示主题判断的典型结构是 NP V（XP），而一般判断则采用（XP）V NP 的形式，上面表达相同语义的句子在汉语中分别为：

（85）a. 吠陀正在啃一根骨头。

b. 下雨了。

c. 有一条狗跑进屋里来了。

徐烈炯特别强调：无定名词难以成为话题，无定名词作主语的句子只能是一般判断，而不是主题判断。由于汉语中的一般判断和主题判断采用的是不同的句法结构，所以汉语中的无定名词作主语时，要在前面加上"有"，以便使之符合一般判断句法上的必须采用（XP）V NP 形式的要求。

关于主题判断和一般判断的另一项研究说明"只"位于主语之前时，句子表达的是主题判断，有些研究者注意到主题判断和述题判断跟句子的焦点结构相关。换而言之，不同的判断方式决定不同的焦点结构。如述题判断只允许句子焦点（sentence focus）（据罗琼鹏硕士论文）：

（86）a. *A: What is raining?

B: It is raining.

b. A: What happened?

B: It is raining.

如果述题判断只允许句子焦点的话，不能充当句子焦点的句子就不可能是述题判断。汉语中主语受到"只"修饰的句子也不能是句子焦点。如：

（87）A: 发生了什么事？

B: a. 台湾地区地震了！

b. *只台湾地区地震了!

根据主题判断和述题判断区分，我们认为汉语中主语受"只"修饰的主谓句都是主题判断，在语义上，汉语主语/话题位置的名词表达的是一重判断，作用是确定对象，它的前面在语义上隐含了动词"有/是"，因此它前面的"只"实际上也是修饰谓词性的结构。充当谓语的名词前面的"只"更容易理解为修饰谓词性成分，因为它表达的是对主语的陈述。而宾语位置上的名词显然没有这个作用，前面除了谓语动词之外，不可能隐含有另外的动词，所以之前不能允许"只"出现。

汉语的语言事实也支持这一断言，当"只"出现在主语，话题、句首的话题/主语及名词谓语前时，"只"和这些成分之间都可以加上"有"或"是"。前面例（77a）、（77b）和（78a）中"只"后的名词性成分前加上某些动词后依然是好的句子，并且保持了语义不变，如下：

（88）a. 只有《红楼梦》我看过。

b.《红楼梦》只有我看过。

c. 我们班只有十人。

而（77c）和（78b）中，位于宾语位置的名词性成分前则不能加上任何"动词"：

（89）a. *我看过只有（是）《红楼梦》。

b. *我们班派只有（是）十人。

有意思的是"只"在下面的例句中的情况：

（90）a. 我只见了总经理三次。

b. 我只见了三次总经理。

c.? 我见了总经理只三次。

b. *我见了三次只总经理。

e. *我见了只总经理三次。

f. *我见了只三次总经理。

动宾补和动补宾的语序在现代汉语中是比较灵活的，当"只"在动词前的时候，无论句子采用哪种语序，句子都是好的；但是当"只"在动词后时，我们却看到，虽然都不是非常好的句子，但是句子的可接受程度有不同，其中（90c）为有些人接受。

为什么？因为该句子可以看成是数量短语作谓语的形式，符合"只"必须位于谓词性成分前的要求[1]，而其他的句子都不能作这样的分析，所以，该句比其他的句子可接受度要高。

数量短语作谓语在汉语中有很长的历史，如：

（91）a. 累三而不坠，则失者十一。（《庄子·达生》）

　　　b. 齐侯之夫人三，王姬、徐嬴、蔡姬，皆无子。（《左传·徐公十七》）

　　　c. 举所佩玉玦示之者三。（史记《项羽·本纪·鸿门宴》）

　　　d. 至于孝平,郡国百三,县邑千四百八十七。(《后汉书郡国志序》)

现代汉语中也不乏这样的用法，不过多用于计数：

（92）馒头两个、米饭一两、青菜一斤。

综合上面的分析，我们认为"只"在主语（话题）/谓语和宾语前分布的不对称现象的原因在于"只"在句法上必须修饰谓词性成分的要求。

"只"必须修饰谓词性成分的假设还可以解释另一个有趣的现象[2]：汉语无定主语前要加"有"[3]，有定主语前不能加"有"，如：

（93）a. *一个人走过来了。

　　　b. 有一个人走过来了。

（94）a. 张三走过来了。

　　　b. *有张三走过来了。

但是在有定名词主语前加"只"后，"有"却可以出现，试对比（94）和下面的（95）：

（95）a. 只张三走过来了。

　　　b. 只有张三走过来了。

而且，无定名词作主语时，前面加上"只"也可以使句子合法化。如：

---

[1]　根据朱德熙《语法讲义》，数量成分是属于谓词性成分的。

[2]　这个现象是詹卫东老师在本书的开题报告会上提出来的，特此致谢。

[3]　范继淹（1985）讨论过汉语无定名词作主语的情况，在他所论的相关现象中，无定名词作主语时前面不须加"有"，这些现象在后来有很多的研究，属于特殊的句法现象，与本书的分析关系不大，对此不作讨论。

（96）a. *一个人走过来了。

b. 只一个人走过来了。

如何解释这一现象？形式语义学认为，无定名词和有定名词具有不同的属性，无定名词属于变量，变量出现在句子中时，必须受到约束；有定名词则是常量，不能受算子的约束。当无定名词位于句首主语位置时，"有"对之进行约束，使无定名词作主语的句子合法化。有定名词作主语时，因为是常量，不受约束，如果前面出现"有"的话，会导致"有"空约束，使句子不合格。这就是（93）和（94）呈现出的对立。

而"只"是焦点敏感算子，当其位于句首时，无论主语是有定的还是无定的，都可以以焦点变量[1]的身份受到"只"的约束，满足了"只"作为算子约束变量的要求。所以"只张三站在门口"和"只一个人站在门口"都是好的句子。并且根据上面的分析，"只"后隐含着动词"有/是"。"只有张三站在门口"是隐含动词显现后的形式。为什么没有"只"时，动词"有"不能在"张三"前出现，而有了"只"后，"有"就可以显现呢？这一点，我们还不是很清楚，我们想此时的"有"不是起约束作用的算子，而只是一般动词。"有张三站在门口"并不是完全不能成立的，只是不能独立使用。而"只有张三站在门口"因为有"只"触发前提，可以提供理解的张力，所以能独立使用。下面的例子中，两句话的语义相当，只是后一句有"只"，对"有"涉及的对象有所限制，比较来看，就可以看出"有"是一般的动词：

（97）a. 有张三站在门口，大家感到很紧张。

b. 只有张三站在门口，大家感到很紧张。

与"有"相对比，"是"跟"只"差不多，可以出现在无定名词和有定名词充当的主语前，"只是"合用却不是很好，如（98），为什么？因为"是"也可以是焦点算子，因此和"只"一样能出现在句首主语前，"是"也可以是判断动词，所以也可以像"有"一样和"只"共现，但是由于"只是"位于句首时，发展出了转折连词的用法，所以会干扰语义理解，故而不如"只有张三站在门口"好。

（98）a. 是一个人站在门口。

b. 是张三站在门口。

---

[1] 在形式语义学中，焦点被看成是受算子约束的变量。

　　　　　c. ？只是张三站在门口。

3.3.3　"只"在肯定句和否定句中分布的不对称

　　和其他的焦点敏感算子不同，"只"在肯定句和否定句中的分布呈现出不对称现象，这种现象表现为："只"几乎不修饰否定性的谓词短语[1]，当谓语部分为"否定词＋谓词"的形式时，句子往往会采用谓词宾语提前的形式，如：

　　（99）a. 我只喜欢《红楼梦》。

　　　　　b. ？我只不喜欢《红楼梦》。

　　　　　c. 只《红楼梦》我不喜欢。

　　语料库的检索结果也支持这种对语感的描述，通过北京大学汉语中心的语料库（CCL 语料库，规模：432 006 260 字节）检索，我们得到以下一些数据：

　　　　总语料 109 428 条[2]，否定的语料："只不"的语料 1 795 条，"只没"
　　　　的语料 9 条，"只未"的语料 1 条，"只无"的语料 0 条，"只是不"的
　　　　语料 372，"只是未"的语料 10 条，"只是没"的语料 120 条，"只是无"
　　　　的语料 1 条。

　　对否定语料进行穷尽分析，发现在上面所检索到的语料中，"只没"句一般都是对比的表达，"只"表示轻微的转折，相当于"只是"[3]，"只是没"都可以换成"但是没有"，并且替换后语义不变，只是语气加重了一些。"只是没（有）……而已 / 罢了"中的"只是"不能换成"但是"，但从语义上来看，"只是"仍然表示

---

　　[1]　这里的否定性的谓词短语是指"否定词＋谓词"，比如"不喜欢"，而不是指否定意义的词，如"厌恶"。

　　[2]　现代汉语中的"只"具有不同的词性词义，语料数量极大。在语料的检索上，笔者采用的是尽量限制检索条件的办法，排除不符合条件的语料，检索条件是：只～0 有｜那｜这｜一｜五｜七｜多｜百｜1｜12｜两｜几｜船｜像｜千｜万。意思是：查出左边不是"有｜那｜这｜一｜五｜七｜多｜百｜1｜12｜两｜几｜船｜像｜千｜万"等词的含"只"的句子，尽可能地排除作量词的"只"的语料，但是由于汉语句子结构的多样性，这个条件也只是尽可能地使数据接近理想的状态，不是十分精确。但是少量的出入不会影响事实说明。

　　[3]　有一例，"只"前有表示转折的连词"可是"，"只"似乎不能分析为转折义，不过汉语也有语义相同或相近的词连用的情况。比如"仅只"、"就只"等，中古时的同义或近义连用更多。可参见杨荣祥的《中古汉语副词研究》。

　　（1）中国人聪明，什么都一学就会，可是只没学会怎么强硬与反抗！（老舍《四世同堂》）

轻微的转折，不能替换的原因仅是语气表达上的冲突，"但是"是较重的语气，语义重心是在后一分句上，而"……而已/罢了"是轻转的委婉语气，语义重心在前一分句，所以二者共现的话，会导致语气上的冲突。"只未"句和"只是未"句也是如此。仅有的一例"只是无"的语料同样是如此，如下面的各例：

（100）夜是那么长，只没有祥子闭一闭眼的时间。（老舍《骆驼祥子》）

（101）传说有一个"名闻天下"的文学家来游桂林，一切风景都游遍了，只没有看到独秀峰。（谢冰莹《独秀峰》）

（102）农民们帮助把车子推出了泥坑，只是没有要一分钱。（《人民日报》\1996\96News08.）

（103）五连胜和今年的全国冠军，已使他从追赶者变成被追赶的对象，况且本届擂台赛的最后胜利在望，不可能没压力，只是没有流露出来而已。（《人民日报》\1995\Rm9512b.）

（104）就是男女双方符合结婚条件，只未进行结婚登记，违反结婚程序的无效婚姻。（《法律问答》）

（105）这一来，众弟子哪里还敢上前，远远靠墙站著，只是未得师父号令，不敢认输逃走，但虽不认输，却也是输了。（金庸《神雕侠侣》）

（106）本地入口货销行最好的是纸烟。许多普通应用药品，到这地方都不容易得到，至于纸烟，无不应有尽有。各种甜咸罐头也卖得出。只是无一个书店，可知书籍在这地方并无多大用处。（沈从文《沅水上游几个县份》）

在"只不"的1 795条语料中："只不过"的语料1 705条；"只不知"的语料24条；其余66条："只不过"是"只＋不过"，"不过"是转折连词，同时也表示轻转的语气，不是"只＋否定"的句法结构；"只不知"中的"只"在语义上都相当于表示轻微转折的"只是"，于下例可见：

（107）适才我听这两个奸徒说话，那经书定是他们盗了去的，只不知藏在何处。（金庸《神雕侠侣》）

（108）穗珠驾车回家，在路边买了一个"汉堡"，边吃边开，只不知它的味道，了一个吃过晚饭的愿。［张欣《掘金时代》（连载之六）］

在66例"只＋不＋……"中：大多数"不"是词汇否定，作句中的状语，而不是句法否定，即不是否定句子中受 "只" 修饰的谓词成分。如下例，"不着边际" 是词，"不" 是一个构词语素，不是充当句法成分的否定词：

　　（109）他不好说什么，只不着边际的点了点头。（老舍《四世同堂》）

　　有 18 例中的 "不" 是否定句子中受 "只" 修饰的谓词成分，但是受否定的谓词以感官知觉、情感动词较多，如：见、懂、信、喜、（允）许、理、知道、言语、要、作声等；还有部分能愿动词，如：可（意为 "能"）、（应）该、肯、敢等。这些例句中的 "只" 往往表示的是强调的语气，而不是限定范围的。如：

　　（110）不过这回已经收起机关枪，却以水龙头代替，虽然扫射得淋漓尽致，只不敢像上年那样的撒野，捉去学生，当即释放，也没有像今年那样的要担保。[唐弢《生命册》（上）]

　　（111）只不可说今日有是理，明日却有是气。（冯友兰、涂又光《中国哲学简史》）

　　（112）我只不信，六十华里的路途对我轻而易举，哪有这般劳累？（余秋雨《莫高窟》）

　　（113）胡雪岩将前后语言，合起来作一个推敲，懂了七姑奶奶的心思；只不懂她为何有那样的心思？（高阳《红顶商人胡雪岩》）

　　（114）钱老先生决不反对儿子去开汽车，而只不喜闻儿子身上的汽油味；因此，二少爷不大回家来，虽然并没有因汽油味和父亲犯了什么意见。（老舍《四世同堂》）

有限定义的只有下面的两例，但这两例中的 "只" 也可看成表示强调，似乎强调的作用比限定的作用更突出：

　　（115）我五官并用，只不用手电。（杨绛《干校六记》）

　　（116）两老依然故我，你一招我一式地厮杀，看似凶狠，实则谦和，明知破绽，只不进攻，急得局外的我顾不得 "观棋不语是君子" 的古训，正要拨子代走之时，忽听较胖的老者喉里 "哼" 了一声，以手示我不得无礼。[《读者》（合订本）]

总之，语料调查显示，"只" 表示限定时，绝大多数应用于肯定句中，而极少用在否定句中。

"只"在肯定句和否定句中分布的不对称，在"从来"句中表现更加明显，"从来"是一个负极性敏感词（negation sensitive item）[1]，往往出现在否定的语境中，如：

（117）a. 张三从来不买日货。

b. * 张三从来买日货。

如果"从来"不出现在否定的语境中，它需要有特别的允准词才能允准，这些允准词多是焦点敏感算子，如"都"、"就"、"是……（的）"、"只"等[2]：

（118）他对自己，更是"苛刻"，从来就与公款享乐绝缘，平时，带头吃食堂。（《人民日报》\1996\96News07t.）

（119）我跟他下棋从来都要输的。（《虚词例释》）

（120）贾宝玉只爱林黛玉。

（121）从来是胜者为王败者贼。（刘心武《贾元春之死》）

（122）对人类赖以生存的物质环境的研究，从来是与某种文化哲学观念相联系的。（《人民日报》\1995\Rm9504a.）

对"从来"句的语料分析结果发现焦点敏感算子"都"、"就"、"只"在对"从来"的允准中表现出不同的特点：当句子中有"都"和"就"时，"从来"可以出

---

[1] 负极性敏感词指的是一般只能出现在否定意义的语境中的词。若要用于肯定句，则要求满足一些允准条件，英语中的 ever 是典型的负极性敏感词：

(1) *Max ever works.

Max doesn't ever work.

If Max ever works he will be rewarded.

汉语中的"从来"也被看作是典型的负极性敏感词，一般也必须出现在否定的语境中：

（2）* 他从来看武侠小说。

他从来不看武侠小说。

他从来都看武侠小说。

[2] 语料显示有部分肯定式的"从来"句没有这些允准词。但是这种用法极少，如：

（1）他对工作从来认真负责。

（2）川西平原从来物产丰富。（《现代汉语八百词》）

（3）中国从来主张以协商方式解决国际争端。（《人民日报》\1996\96News09.txt.）

（4）他以苦行者的身影在边疆已经战斗了几十年，却从来无怨无悔。（《人民日报》\1996\96News10.txt.）

（5）侯老从来平易近人。（李燕《群众心目中的"活偶像"》，《作家文摘》\1993\1993A.TXT.）

现在肯定句和否定句中；但是当句子中有"只"出现在"从来"后时，"从来"却只能出现在肯定句中，不能出现在否定句中，这是非常严格的限制，在所检索的语料中没有一例例外。

　　（123）a. 他从来都看小说。

　　　　　　b. 他从来都不看小说。

　　（124）a. 他从来就看小说。

　　　　　　b. 他从来就不看小说。

　　（125）a. 他从来只看小说。

　　　　　　b. ＊他从来只不看小说。

　　从逻辑上来说，人们既可以将肯定的对象限定在一定的范围内，也可以将否定的对象限定在某一范围之内，但是在"只"字句中，"只"却不能限制否定的谓词性结构，为什么"只"的分布会出现这种肯定和否定的不对称呢？

　　从语料的对比分析，有三种可能的解释：①"只"本身是一种否定性的结构，如果再修饰否定性的谓词，那么就造成了一种肯定的语境，而"从来"需要否定的语境允准[1]。所以"从来"句中不能出现"只"修饰否定性谓词的情况，但是这种解释无法说明非"从来"句中"只"也不能修饰否定式的谓词结构的情况，因为汉语中有双重否定的结构。②"只"和"不"都是焦点敏感算子，算子必须约束变量，如果动词的支配成分是焦点的话，那么"不"近距离约束该焦点，"只"就是空约束，但是"只"可以指向整个谓语部分，"不"和它后面的修饰成分可以作为宽焦点充当"只"约束的对象，所以这种分析也有问题。③"只"和它修饰的成分有某种选择限制，这种选择限制使得"只"和否定结构不能互为成分[2]。究竟是什么限制还不清楚？有待以后进一步研究。

---

　　[1]　据相关的文献，负极性敏感词（negation sensitive items）需要否定的语境允准，参见罗琼鹏（2005）。

　　[2]　互为成分的说法是保证"只"和否定词处于互相修饰的关系中，因为如果是两个词不在同一句法平面上，二者是可以共现的，如：

　　（1）他们只喜欢不争名夺利的人。

3.4　本章小结

本章考察了焦点敏感算子"只"的浮动性特征。关于焦点敏感算子的浮动性特征，学界对其有不同的看法，König（1991）通过对英语和德语中焦点敏感算子的研究，认为算子的位置灵活是算子重要的共性特征。徐烈炯（2001、2005）以 if 和 must 为例，将它和汉语中与其语义相当的词"如果"和"必须"对比，说明浮动性是汉语表达焦点的一大手段。对此，本章通过"只"和 only 的对比、"只"和"最"及"也"的浮动性的对比，说明浮动性是算子自身的重要的句法特性。算子的位置浮动与一定的焦点相关联，也与一定的焦点结构相联系。

本章具体考察了"只"在复杂谓词结构中的浮动限制，说明影响算子浮动性的因素既有句法上的也有语义上的因素：句法上，"只"一定要出现在谓词性成分前，从而满足副词必须修饰谓词性成分的要求；语义上，"只"要求它与焦点关联必须能激发出语义明确的选项与句中其他成分构成合适的语义结构体。"只"的句法要求是"只"在话题／主语和宾语前分布不对称这一现象产生的原因。本章最后描写了"只"在肯定句和否定句中的不对称现象，尤其是"只"在允准负极词"从来"上和其他焦点敏感算子（如：都、就）的不同——"只"允准"从来"时只能出现在肯定的语境中，呈现出肯定和否定不对称现象，而其他的焦点敏感算子允准"从来"时既能出现在肯定的语境中，也能出现在否定的语境中，针对这种现象，文章提出了几种可能的解释。

第四章　焦点敏感算子"只"的语义特征解释

4.1　问题的提出

关于"只"的语义，吕叔湘在《现代汉语八百词》中做了高度简练的概括，"只"表示"除此之外没有别的"。但是高度的概括往往不能显示"只"在不同分布中的语义差别。如：

（1）a. 只非洲就有几千万饥饿的儿童。

　　　 b. 只非洲有几千万饥饿的儿童。

（2）a. 他的功课很多，只数学就有几十道题。（张编《虚词》）

　　　 b. ＊他的功课很多，只数学有几十道题。

例（1a）中的"只非洲"在句中的意思是"只就非洲而论，不说别的"，（1b）中"只非洲"是"只有非洲，没有别的地方"。（1a）和（1b）中的"只"虽然都是排除了其他的对象，但是在语义内容上却有差别，（1a）表示饥饿的儿童多，除了非洲还有其他地方有饥饿的儿童；（1b）却表示饥饿的儿童不多，仅非洲一个地方有。这个在意义上的差别可以从（2）中得到证明。（2）是与（1）相对应的表达式，其中（2a）与（1a）相对应，表示"习题多，除了数学习题还有其他的习题"，因此与前面"功课多"在语义上保持一致，句子没有问题；而（2b）是与（1b）相应的表达式，意思是"习题少，只数学有习题，其他功课没有习题"，这与前面"功课多"

形成矛盾，因此句子不可接受。

a 和 b 为什么会有这种差别呢，究竟是什么因素在起作用？

马真老师在《说"也"》中强调在虚词的研究中要避免把句式的意义归结到某个虚词的身上去，在虚词的研究中，这已经是被普遍接受的一个原则。

通过比较来看，这几组句子中，a 和 b 构成的是最小的对立对，它们的唯一差别是 a 中有"就"而 b 中没有，这样，可以说表示多或少的差别，原因在于句中"就"的作用。但是问题是否完全解决了呢？看下面的例子：

（3）a. 新华铁工厂大搞技术革新，只这三个月就有几项重大革新。

　　　b. 新华铁工厂大搞技术革新，只这三个月有几项重大革新。

（4）a. 新华铁工厂大搞技术革新，这三个月就有几项重大革新。

　　　b. 新华铁工厂大搞技术革新，这三个月有几项重大革新。

上面例（3）和例（1）（2）一样有言多言少的差别，当我们去除了句中的"只"时，我们看到这样得到的例（4）中，言多言少的对立并不突出，可见言多还是言少，不仅与是否有"就"有关，也与"只"的作用有很大的关系。句子语义上的差别应该是格式"只……就有……"和"只……有……"的差别，那么"只"究竟有什么作用呢？我们再比较：

（5）a. 新华铁工厂大搞技术革新，三个月就有几项重大革新。

　　　b. 新华铁工厂大搞技术革新，只三个月就有几项重大革新。

（6）a. 新华铁工厂大搞技术革新，三个月有几项重大革新。

　　　b. *新华铁工厂大搞技术革新，只三个月有几项重大革新。

（5a）和（6a）句子都是好的，但是，加上"只"后，相应的（5b）是好的，而（6b）却不能接受。综合分析（3）（4）（5）（6），我们可以说：格式"只……就有……"和"只……有……"是有差别的不同格式，两种格式中的"只"对其后成分有不同的选择限制，这说明"只"在不同的分布中有不同的用法。究竟是什么限制，"只"有何不同用法？

本章将从算子在句子语义表达中的作用这个角度来研究"只"的语义解释，具体分析作为焦点算子的"只"的不同用法，对一些相关的语言现象作出解释。

4.2　焦点敏感算子语义的分析角度

如何分析算子的语义，从哪些角度或方面去分析算子的语义？这是首先要回答的问题。

笔者认为，从词类的角度来看，算子属于虚词，一般没有与现实世界相应的具体所指，其意义体现在语言系统中的结构或语法功能方面，分析算子的语义，不外乎弄清算子在句子的语义表达中的作用，所谓意义即用法。传统的虚词语义分析采用的也是这个方法。比如说，"也"表示类同追加，"只"限定范围，表示"除此之外没有别的"。这里的"类同追加"、"限定范围"说的都是虚词在句子中的作用。虚词的意义就是虚词在各种不同语境中的各用法的集合。

对算子的语义进行分析，也离不开分析算子在句子语义表达中的作用。下面是一组含有焦点敏感算子的例子：

（7）a. 小王知道事情的真相。

　　　b. 只小王知道事情的真相。

　　　c. 小王也知道事情的真相。

　　　d. 连小王都知道事情的真相。

该组句子，焦点都是"小王"，句子表达的基本命题都是"小王知道事情的真相"，但是每个句子传达给我们的信息不一样，即通常说的句子意思不同：（7a）没有告诉我们小王以外任何其他人的信息；（7b）则告诉我们除了小王以外，没有其他人知道事情的真相；（7c）则说除了小王之外，还有别人知道事情的真相；（7d）则说明所有的人都知道事情的真相，最不可能知道真相的小王也知道了。既然这些句子的基本命题相同，命题意义就是一样。那么这些不同的意思是什么，又是如何表达出来的呢？通过比较来看，各句的语义不同，全在于句子中不同算子的作用。

焦点敏感算子在句子中会与焦点相互作用，从而对句子的整个语义产生影响。在例（7）的所有句子中，焦点"小王"都会激发一个与他自己相关的人构成的一个集合，该集合中的成员都能替换"小王"与句子的其余部分构成能够判断真值的命题。句子中的算子不同，这些替换"小王"而形成的命题的真值就不同，从而传递给我们比基本命题意义更多的语义。这些语义是在算子的作用下，对焦点产生的选项集进行性质判断的结果。所以可以认为这些不同的意义是算子表达出来的意义。

如何分析算子在语义表达中的作用？除了对语感进行描述，能不能有比较客观的依据？有没有明确的形式化的刻画？显然，语感描述已经有人做得较多了，如果不能突破这一点，就难以有新的发现。

现代语义学对焦点敏感算子在句中的语义作用已经有了深入的认识，并作出了形式化的刻画，这给我们分析算子的语义提供了新的观察角度和方法。下文将从算子在句中的语义作用入手，分析"只"的语义特征。

4.2.1 焦点敏感算子在句中的语义作用

对算子在句子中的语义作用，König（1991）在 Jackendoff（1972）和 Rooth（1985）等研究的基础上，提出了如下关于焦点敏感算子和焦点的相互作用的假设。[1]

[1] Sentences with focus particle entail the corresponding sentences without particles. 有焦点敏感算子的句子衍推出相应的不含敏感算子的句子。

[2] Focus particles contribute quantificational force to the meaning of a sentence, i.e. they quantify over the set of alternatives, brought into play by the focusing itself. 焦点敏感算子对句子的意义起量化作用，即它们量化由焦点激发的相关的选项集合。[2]

[3] Focus particles may include or exclude these alternatives (to the value of the focused expression) as possible values for the open sentence in their scope. 焦点算子会使（这些焦点所激发的）选项被包括在其辖域中的开语句[3]的可能取值中或被排除在它可能的取值之外。

---

[1]　此处的关于焦点敏感算子的作用内容主要根据 König（1991）的研究，但他的研究汲取了 Jackendoff 和 Rooth 的基本观点，有一定的代表性，并非一家之言。

[2]　焦点最初受到重视并获得广泛研究的原因就在于焦点在句子语义表达中的作用，焦点在语义解释中的作用是，焦点会在句中激发出一个与焦点成分相关的选项的集合。这是研究焦点问题已达成的共识。

[3]　开语句是逻辑学中的术语，指的是包含变项并且该变项未受约束的语句，用谓词逻辑式表达形如 F（x），假如 F 代表谓词"流动"，该开语句表达的意思就是"x 是流动的"，其中 x 是变项，需要赋值后句子才能判断真值，又叫语句函项（参见《语言学中的逻辑》第 73 页）。此处的开语句指的是以变量代替句中的焦点成分形成的函项。

　　Horn（1969）对英语中的 only 的语义做了形式上的刻画，是对这个假设很好的证明。Horn 首先从 Austin 对预设和衍推的区分出发，提出了预设和衍推的形式概念。Austin（1958）[1] 从一个句子违反了预设和衍推之后的不同特点来区分二者，他认为下面的（8a）中后一分句与前一分句的预设相矛盾，而（8b）中后一分句与前一分句的衍推相矛盾，它们的区别在于，（8a）中前一分句只在后一分句不成立时才有真值，而（8b）中无论有没有后一分句，前一分句都有真值：

　　　　（8）a. *All John's children are bald, but John has no children.

　　　　　　　b. *All the guests are French, but some of them aren't.

Horn（1969）据此进一步提出了预设和衍推的形式化定义：

预设的定义是：

　　　　If $(S \longrightarrow S')$ and $(-S \longrightarrow S')$, then S presupposes S'.

　　　　（如果 S 成立能推出 S' 也成立，并且 S 不成立时，仍能推出 S' 成立，那么 S 预设 S'。）

衍推的定义是：

　　　　If $(S \longrightarrow S')$ and $(-S' \longrightarrow -S)$, then S entails S'.

　　　　（如果 S 成立能推出 S' 也成立，并且 S' 不成立时，能推出 S 不成立，那么 S 衍推 S'。）

在对预设和衍推做了区分之后，Horn 把英语中的 only 分析为二元谓词，一个论元为它的辖域中的词项，另一个论元是包含该词项的命题，即句子的其余部分。他把有 only 的句子的语义分成两部分：预设和断言。他认为 only 的预设是基本命题，是通过去除句子中的算子获得的，断言是含有该词项补集的命题的否定，如下：

　　　　（9）Only $(x=a, F(x))$

　　　　　　a. Presupposition: $F(x)$

　　　　　　b. Assertion: $\sim(\exists y)(y \neq x \ \& \ F(y))$

其中，only 的两个论元是 x（$x=a$）和 $F(x)$，x 就是 only 关联的对象，以变量的形式表示，变量赋值为 a，a 即句子中 only 作用于之上的词项，实际上就是焦点所在，

---

[1]　此处 Austin（1958）的观点转引自 Horn（1969）。

F（*x*）是以函项形式表达的命题。该命题为句子的预设，其中 *x* 赋值为 a，也就是句子去除焦点算子的部分。而断言则是对含有该（焦点）词项补集的命题的否定，焦点补集以由焦点激发的选项集合为全集，在该集合中去除焦点这个元素就得到了焦点的补集，于是对焦点词项补集的命题的否定实际就是使焦点激发的选项集中除焦点之外的其他词语被排除在能使函项为真的取值之外。以下例来分析：

（10）Only Muriel voted for Hubert.

根据 Horn 的理论，only 和 Muriel 相互作用，产生了一个预设和一个断言：

（11）Only (*x* = Muriel , vote for (*x* , Hubert))

　　　　Preposition: vote for (Muriel, Hubert)　即 Muriel voted for Hubert.

　　　　Assertion: ~(∃*y*) (*y* ≠ Muriel & vote for (*y*, Hubert)) 意思就是: No one other than Muriel voted for Hubert.

其预设 Muriel voted for Hubert 就是句子去除算子之后的部分，断言 No one other than Muriel voted for Hubert 是对焦点 Muriel 激发的选项替换焦点后构成的命题的否定。

上面基于英语的研究而得到的关于焦点敏感算子在句中和焦点的相互作用的假设同样也适用于汉语。蔡维天（2004）就把 Horn 的分析称作 "预设—断言二分理论"，并且认为汉语中的 "只" 字句和英语中的 "only" 句情况类似，如下例，句子的预设为基本命题：阿 Q 喝红酒，断言为含有 "红酒" 补集的命题的否定，由于红酒的补集是 "红酒以外的酒"，该句的断言就是：阿 Q 不喝红酒以外的酒。

（12）阿 Q 喝红酒（阿 Q 不喝白酒、黄酒、啤酒）。

　　　　a. 预设：阿 Q 喝红酒。

　　　　b. 断言：阿 Q 不喝红酒以外的酒。

现在我们以前面例（7）为例，对汉语中焦点敏感算子在句中的语义作用作一具体分析，先看：

（7）b. 只小王知道事情的真相。

根据 König（1991）的假设，"只" 在句子中的作用如下：

[1] 衍推出相应的句子：小王知道事情的真相。

[2] 量化由焦点激发的选项的集合，表示为：只 [λ x (x 知道事情的真相) (x ∈ C)]。这里 C 代表与"小王"相关的一个选项集合，假设为小张、小李、小赵组成的集合。

[3] 将集合 C 的成员作为可能的取值对函项（即算子辖域中的开语句 (open proposition)）"x 知道事情的真相"赋值，确定谁是使命题为真的取值，谁是使命题为假的取值。由于句中的焦点是"小王"，因此在"只"的作用下，只有"小王"能使赋值后的语句表达真命题，用"小张"、"小李"和"小赵"给函项"x 知道事情的真相"赋值后，得到的命题真值为假。也就是说，算子"只"使焦点"小王"具有了排他性，集合 C 中"小王"之外的成员都不知道事情的真相。

上面的内容简言之就是：在句子"只小王知道事情的真相"中，"只"和焦点"小王"相互作用推导出命题"小王知道事情的真相"。并且断言："除了小王之外，其他所有人都不知道事情的真相"。这种语义解释符合我们的语感。

再看另一个例子：

（7）c. **小王**也知道事情的真相。

依据 König（1991）的假设，"也"在句子中的作用如下：

[1] 衍推出相应的句子：小王知道事情的真相。

[2] 量化由焦点激发的选项的集合，表示为：也 [λ x (x 知道事情的真相) (x ∈ C)]。这里 C 代表与"小王"相关的一个选项集合，假设为小张、小李、小赵组成的集合。

[3] 将集合 C 的成员作为可能的取值对函项"x 知道事情的真相"赋值，确定谁是使命题为真的取值，谁是使命题为假的取值。由于句中的焦点是"小王"，因此在"也"的作用下，除了"小王"能使赋值后的语句表达真命题之外，用"小张"、"小李"和"小赵"给函项"x 知道事情的真相"赋值后，得到的命题至少有一个为真。也就是说，算子"也"使得"小王"具有类同追加的身份，与集合 C 中的某个成员一样"知道事情的真相"。

同样，上面的内容可以简言之为：在语句"**小王**也知道事情的真相"中，"也"

和焦点"小王"相互作用推导出命题"小王知道事情的真相",并且断言:"除了小王之外,至少还有另外一个人知道事情的真相。"这种语义解释也符合我们的语感。

对比说明,算子在句子中和焦点关联的主要语义作用就是使句子在基本命题之外,还增加了对选项集合中的成员的性质判断。**不同算子的语义不同主要表现在对与焦点所激发的选项集中其他成员的性质判断上**。换句话说,在算子的作用下,有算子的句子的语义有两个组成部分,一个是相应的没有算子的命题的意义,另一个是确定在焦点激发的选项中哪些成分能使相关的一个语句函项为真(该函项通过用变量代替焦点而得到),或者说确定焦点在与其相关的选项集合中的地位。

因此要深入分析算子的语义,需要从算子作用的选项集的特征方面入手考察,在接下来的章节中,笔者对"只"作用的选项集的特征进行分析。

4.2.2 焦点激发的选项的特征

前面我们多次提到,焦点能在句中激发一个相关的选项。一般的,焦点激发的选项具有如下的特征:

[1] 焦点激发的选项在语义类型上和焦点相同,但不是和焦点相同的个体。它们聚合在一起构成一个语义场。从语义场的角度来看,焦点和它的选项应该在同一个层级的语义场中,是属于同一个上位概念的下位概念,选项之间不能是上下位概念。比如:

(13)生物义场:

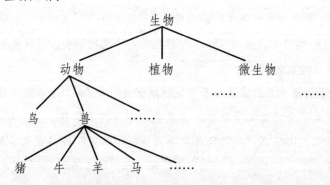

在这个语义场中,"动物"和"植物"、"微生物"是同一层级的概念,"动物"是"生物"的下位概念,是"猪"的上位概念。如果句中的焦点是"动物",那么

它激发的选项就会是"植物"、"微生物"等，不能是"猪、牛、羊、马"等，也不能是"生物"。

上面所示的生物义场是从科学分类的角度划分的，实际上在自然语言的使用中，语义场的划分可能更多依据的是日常的通俗概念。比如"大公鸡"、"小白兔"、"小乌龟"也可以处于同一个义场，构成一个选项集。

[2] 在话语交际中，选项集中的成员往往是依赖语境的，可以由语境明确，这时也不一定遵守语义场的层级制约。

比如：我有计划购买钢笔、电池、洗衣粉等，到超市后却只买到了钢笔，这时候，如果我告诉一个知道我的购买计划的人说：

（14）我只买了钢笔。

那么，"钢笔"激发的选项就是"电池、洗衣粉"等，而不是"铅笔、圆珠笔"等书写工具。

[3] 选项集中的成员除了有以上语义特征之外，还有些选项集合中的成员的语义强度不同[1]，彼此之间呈有序排列，构成一种量级（scale）的关系。

与量级有关的现象（scalar phenomena）是语言学中很重要的现象。Grice（1975）提出了话语交际过程中的合作原则，成为解释会话含义的重要理论原则。其中重要的一条是适量原则（the maxim of quantity）[2]，根据这个原则，我们可以得到如下的蕴涵原则（implicating principle）：

（15）A statement with aweaker expression e_2 maybe taken as implicating that the relevant statement with a stronger expression e_1 cannot be made. 一个语义上较弱的表述 e_2 可以被（另一个陈述）蕴涵，而一个语义上较强的相关表述 e_1 则不能被（另一个陈述）蕴涵。（Ekkehard König, 1991：39）

这个蕴涵原则被称作量级蕴涵（scalar implicature），Horn（1972），Gazdar（1979），

[1]　这里的语义强度指的是数量、程度或其他某一性质方面的大小、高低、强弱等。

[2]　该原则的基本内容是：Make your contribution as informative as is required (for the current purpose of the exchange). 使自己所说的话达到（当前交谈目的）所要求的详尽程度。

Fauconnier（1975,1979）都曾从形式的角度精确地刻画过语言中的量级蕴涵，Horn（1972），Gazdar（1979）把量级定义为：

（16）A set of contrastive expressions of the same category, which can be arranged in a linear order according to their semantics strength. 量级就是一组具有比较关系的同类表达式，这些表达式能够根据它们的语义强度组成线性序列。（引自 Ekkehard König, 1991: 39）

一组表达式 $\langle e_1, e_2, e_3 \ldots e_n \rangle$ 满足如下的条件时就是一个量级：

（17）a. 在句法框架 S（e_x）中，如果用 e_2 代替 e_1，我们就能得到一个合格的句子。

b. S（e_1）衍推（entails）S（e_2），S（e_2）衍推 S（e_3），依次类推，但是反之则不然。

下面是一个量级和合适的句法框架的实例：

（18）$\langle n, \ldots 4, 3, 2, 1 \rangle$; Fred has x children.

这个实例显然满足上面的条件，在框架 "Fred 有 x 个孩子" 中，依次取 x= 4，然后 3，然后 2，……我们能得到，"Fred 有 4 个孩子" 能衍推 "Fred 有 3 个孩子"，后者同样能衍推 "Fred 有 2 个孩子" ……依此类推，反之则不行。

这个定义显然是以逻辑中的衍推（entailment）为依据的。后来进一步的研究发现，语言中的量级不能完全根据逻辑衍推来定义，而必须依据语用衍推（pragmatic entailment）[1] 来定义。Fauconnier（1975）注意到被最高级形容词修饰的名词短语的所指可以与该名词短语的全称量化式的所指相同，如下面的（19）可以表达（20）的意思，（21）可以表达（22）的意思：

（19）Alexei could lift the heaviest weight.

---

[1] 据郭锐（2006）逻辑衍推是建立在语句内部词语间的语义或逻辑上的内在联系上的衍推，又叫作语义衍推。语用衍推是建立在情理基础上的衍推，又叫作情理衍推。逻辑衍推不依赖具体的语境，而语用衍推往往依赖于特定语境，语境不同，衍推方向可能不同，如：

（1）a. 这种活男孩子都叫苦。⇒ 这种活女孩子更叫苦。

b. 这种活女孩子都叫苦。⇒ 这种活男孩子更叫苦。

（1）a. 可能是说挖土种树这样的体力活，（1）b. 则可能是绣花剪纸这样的细活。

（20）Every weight is such that Alexei could lift it.

（21）Alexei could not lift the lightest weight.

（22）Every weight is such that Alexei could not lift it.

（19）和（21）实际上可以看作是一个语用上的量级衍推。一个量级 S 可以看成是一个通过对一个开语句赋予不同的值而形成的命题串。在这个命题串中，各个命题是有序排列的，即一个推导命题衍推另一个较它之前已推导出的命题。（19）和（21）可以看作是这样的一个量级衍推轴：对开语句"Alexei could lift x"赋值，用数字标记下标：如 x_1，x_2 … x_{n-1}，x_n 等。这些对开命题赋值后形成的命题呈有序排列，其中，（19）和（21）分别代表了这个量级衍推 S 的两个极性。这一量级衍推可以图示如下：

（22）图一：

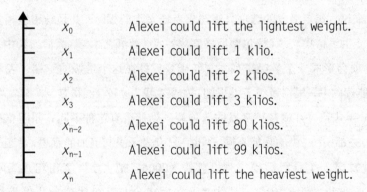

	x_0	Alexei could lift the lightest weight.
	x_1	Alexei could lift 1 klio.
	x_2	Alexei could lift 2 klios.
	x_3	Alexei could lift 3 klios.
	x_{n-2}	Alexei could lift 80 klios.
	x_{n-1}	Alexei could lift 99 klios.
	x_n	Alexei could lift the heaviest weight.

该量级表示为：

（23）a. Alexei could lift x.

　　　b. 量级，Σ

　　　c. Alexei could lift x_i pragmatically entails Alexei could lift x_{i-1}.

因之有推理（24）：

（24）Anybody who can lift a weight x can lift any weight lighter than x.

在上面的量级衍推轴上，衍推是有序的，下端的命题衍推上端的命题：Alexei could lift x_i 衍推 Alexei could lift x_{i-1} 但是反过来却不成立：Alexei could lift x_{i-1} 不能衍推 Alexei could lift x_i。这种衍推其实是与人们的认知相关的常规推理，而不是逻辑上的必然关系。

根据这个量级衍推，能推导出全量肯定规律：对一个极大量的肯定意味着对全量的肯定，参见沈家煊（1999：95）。

在否定的情况下，以上的衍推关系正好颠倒过来，位居于下的否定命题衍推位居于上的否定命题。这样就可以得到全量否定命题：对一个极小量的否定意味着对全量的否定。

在对量级现象的研究中，人们注意到**焦点是一种重要的表达量级的手段，有些含有焦点的句子，受算子的约束，由焦点激发的选项会形成有序的量级排列**，如：

（25）我也读过《红楼梦》。

（26）我连《红楼梦》都读过。

这两句话的焦点都是《红楼梦》，都表示"我"读过《红楼梦》，还读过其他的书。但是，对前一句来说，焦点激发的选项只需与焦点语义类型相同，并且与语境相关，比如可以是《安徒生童话集》、《福尔摩斯探案集》或《剪纸艺术》。而后一句中《红楼梦》激发的选项会形成一个量级排列，《红楼梦》处在这个量级的一端，表示的是"我"最不可能读的书，根据量级衍推规则，如果"我"读过《红楼梦》，那么"我"读过所有的 x（x ＝焦点《红楼梦》激发的选项）。为什么有这种不同？原因就在算子"也"和"连……都……"[1]的功能不同，"也"只有表示类同追加的意思，"连……都……"则能激发出一个量级衍推序列。郭锐（2006）把"连"字句句式表示为"（S）＋连＋x_1＋也／都＋VP"，认为"连"后成分与其对比成分正好形成了一个语用量级。"连"字句在意义上衍推包含在语用量级中低于 x_1 的语句，即 $R(x_1) \Rightarrow R(x_1 + n)$。如：

（27）a. 这种事连小学生都知道。⇒ 这种事中学生知道。⇒ 这种事大学生知道。

b. 屋里连一个人也没有。⇒ 屋里没有两个人。⇒ 屋里没有三个人。⇒……

这个例子说明，由于算子本身的语义，有的算子不能有量级的用法，也就是说它所约束的焦点激发的选项不会呈现为有序的量级序列，表示类同追加的"也"就是；有的算子只有量级用法，它所约束的焦点激发的选项一定呈现出有序的量级序列，

---

[1] "连……都……"是一种格式，与单个词语充当的算子在形式上不同，但是在语义作用上相当于英语中的 even。Even 是一个典型的焦点敏感算子，所以我们把它看成是焦点敏感算子。

比如上面的"连……都……"。焦点激发的选项是否形成量级序列与算子本身的语义功能相关。换句话说，**能否表达量级是算子本身的重要功能之一**。

下面的例子从另一个角度说明能否表达量级是算子本身的重要功能之一：

> （28）a. 我也有三本书。
>
> 　　　b. 我只有三本书。

句（28a）和句（28b）有一个重要的区别，在（28a）中，"三本"不能成为焦点而受到算子"也"的约束，而在（28b）中，"三本"是句中最无标记的焦点[1]，很自然受到"只"的约束。我们用对举格式来测试：

> （29）a. ＊我有？书，我也有三本书。
>
> 　　　b. 我没有很多书，我只有三本书。

"三本"为什么不能成为"也"约束的对象，而可以是"只"约束的对象？原因就是"也"没有量级用法，"只"可以有量级用法。数量短语"三本"激发的选项很自然地形成一个量级模型：

> （30）< n 本（$n > 3$），……三本，两本，一本 > 我有 x 本书。

根据这个量级模型，有如下的衍推序列：

> （31）我有 n 本书。⇒ 我有三本书。⇒ 我有两本书。⇒ 我有一本书。

"我只有三本书"中的"只"约束"三本"，可以对该量级上位置高于"三本"的选项进行排除，而"我也有三本书"中的"也"却不能对该量级上的高于或低于"三本"的选项进行追加。

在上面的例子中，作为焦点的成分与其激发的选项给算子辖域中的开语句赋值后形成的命题如果构成一个量级模型，它就会对算子有所选择，从而只能成为某些算子约束的对象，不能成为另一些算子约束的对象，这说明能否表达量级[2]是算子本身的重要功能之一。区分算子的量级用法和非量级用法对算子的语义研究有重要意义，可以对有些语言现象作出很好的解释。

---

[1]　"三本书"中究竟是"书"还是"三本"是最自然的、最无标记的焦点？根据 Cinque（1993）核心重音原则和辅重原则，"三本"是句子的核心重音所在，也就是句子的无标记焦点所在。

[2]　有量级用法的算子，在焦点和其激发的选项对其辖域内的开语句赋值后的命题之间形成量级衍推关系之后，算子约束焦点，句子有合适的语义解释，笔者称之为能表达量级。

下一节将具体分析"只"的量级用法和非量级用法。

4.3　算子"只"的语义分析

4.3.1　"只"的量级用法和非量级用法

现代汉语中的"只"既有量级用法，也有非量级的用法。它在约束焦点的时候，焦点所激发的选项可以不呈现为有序的量级，但在有的情况下，焦点所激发的选项本身呈现为有序的量级，在有些格式中强制性的必须呈现为量级序列。比如：

（32）我只有**《红楼梦》**。

（33）我只有**十元钱**。

根据前面 Horn 的预设——断言二分理论，"我只有《红楼梦》"的语义可以表示为：

（34）我只有《红楼梦》。

预设：我有《红楼梦》。

断言：我没有《红楼梦》之外的其他读物。

和前面"我也读过《红楼梦》"一样，"我只有《红楼梦》"中的焦点"《红楼梦》"激发的选项可以不是有序的量级序列。其他的读物只要不是《红楼梦》，都是被"只"排除的对象。

再看对"我只有十元钱"的分析：

（35）我只有十元钱。

预设：我有十元钱。

断言：我们没有更多的钱。

细心的读者会发现，这个断言的表述我们采用的是"更多的"，而不是"十元之外的"，十元之外的钱数可以包括"一元、……五元、……、十元、……二十元、三十元……"，可是，少于十的数并不能被排除、只有多于十元的钱数"二十元、三十元、……"能被排除。我们可以用对举格式证明如下：

"……只……没/不……"或"……没/不……只……"对举格式是明确表达"只"

所约束的焦点所激发的选项的格式，该选项由否定算子"不／没"约束，表示的是选项集中被"只"排除的那一个。由于肯否对举格式的这个特点，我们把肯否对举格式当作一个测试某成分是否为"只"所排除对象的框架。测试过程可以简单说明如下：

（36）设有实体 a、b，$a \neq b$ 对于特征 P，

如果 a、b 能令格式"只 P（a），没／不 P（b）"[1] 成立，

那么 b 是"只"约束的"焦点"a 所激发的、且为"只"所排除的选项。

若 a、b 不能令格式"只 P（a），没／不 P（b）"成立，

那么 b 不是"只"约束的"焦点"a 激发的、为"只"所排除的选项。

运用这个测试，我们看到在这种明确表达排它的格式中，下面（37a）是合法的，说明"二十元"是"只"排除的对象，而（37b）不合法。这说明"五元"不是"只"排除的对象。

（37）a. 我有十元钱，没有二十元。

b.＊我有十元钱，没有五元钱。

因此对"我只有十元钱"的分析应为：

（38）我只有**十元**钱。

预设：我有十元钱。

断言：我没有更多的钱。

可见，在"我只有十元钱"中，"只"排除的只能是"比十元多的钱"，不能是"比十元少的钱"。

为什么"比十元少的钱"，比如"五元"，不能是"只"排除的对象？

根据前面的量级定义，开语句"我有 x 元钱"形成一个量级序列：

（39）〈……一元、……五元、……十元、……二十元、……〉；我有 x 元钱

据该序列可以形成以下从左至右的衍推关系：

（40）我有二十元钱。$\Rightarrow$ 我有十元钱。$\Rightarrow$ 我有五元钱。

在否定的情况下，衍推关系就会发生逆转，形成如下的衍推序列：

---

[1]　肯否对举格式的肯定和否定部分互换位置不会改变句子的语义，所以此处用"肯定在前否定在后"的形式代表"肯定在前否定在后"和"否定在前肯定在后"两种肯否对举的格式。

（41）我没有五元钱。 ⇒ 我没有十元钱。 ⇒ 我没有二十元钱。

有了这个衍推序列，我们再来分析 "我只有十元钱"，问题就比较清楚：

根据前面关于 "只" 字句的分析，"我只有十元钱" 预设 "我有十元钱"，该预设可以衍推出 "我有五元钱"，由于句子的预设是不能否定的，因此 "我只有十元钱" 不能够否定 "我有五元钱"。所以 "少于十元的" 都不能够被排除。而只有 "多于十元的" 才能成为被排除的对象。

在 "我只有十元钱" 这一句中，在 "只" 的作用下，焦点 "十元" 和它激发的选项构成一个量级模型，"只" 约束的焦点，向上排除模型中比焦点高的选项。因此句子的断言不是 "我没有十元之外数量的钱" 而是 "我没有比十元更多的钱"。

综合以上的分析，我们认为 "只" 有量级用法和非量级用法，"只" 的语义解释为：

"只" 是对动作本身，或者对动作涉及的对象的范围或 "量" 的限制，限制范围时，表示 "除此之外没有别的"（《现代汉语八百词》：678）；限制 "量" 时，往往表示 "某客体在量上仅此而已，没有达到更高程度"。

根据 Hirschberg（1991）[1]，除了衍推之外，还有其他各种有序的结构（ordering metrics），如：集合和子集、整体与部分、类和次类、实体和属性、一般和特殊等关系，也能形成量级衍推，英语中下列例子都能构成量级，但不能完全用衍推说明：

（42）a. <promote, condone>（提拔、支持，原谅、宽恕）

b. <felony, misdemeanour>（重罪，行为不端）

c. <general, colonel, captain, sergeant>（将军，上校，上尉，军士）

这些关系，对于汉语同样适用。比如：

<将军，上校，上尉，军士> 构成的军阶序列给开语句 "他是一个 *x*" 赋值后，可以构成一个量级模型，但是下面的衍推关系不成立：

（43）*他是一个将军。⇒ 他是一个上校。

"他是一个将军" 不能衍推 "他是一个上校"，但是这两个判断句显示了 "他" 在军阶量级序列上的位置高低。用我们上面所说的 "……只……没/不……" 或 "……没/不……只……" 对举格式来测试，能说明这一点：

---

[1] 此处关于 Hirschberg（1991）的观点和例子转引自 König（1991：41）。

（44）a. 他只是一位上校，不是一位将军。

b. *他只是一位将军，不是一位上校。

语句之间是否具有衍推关系，不但跟词语之间的语义有关，还跟语句本身的一些时体等表达因素有关，比如，"他读到了高中"不能衍推"他读到了初中"，但是"他读过高中"却能衍推"他读过初中"[1]，前者之所以不能构成衍推是因为学历教育是随着时间而向上提高的，"V到"是瞬间完成的动作，在共时的层面，一个人不能够同时完成两种不同的学历教育。但是前面如果用"V过"这种经历体表达的话，那么这种判断是对历时的情况的判断，在历时的过程中，一个人就能在不同的时候经历不同阶段的教育，同时学历教育是单向上升的，所以曾经受过较高的学历教育能衍推曾经受过较低的学历教育，反之则不然。这种情况完全符合衍推的定义。而量级是一种语义上的量度高低，只要语义上有量度高低，就可以形成一个量级序列。所以尽管（43）的衍推关系不成立，但是"<将军、上校、上尉、军士>他是一位 x"仍然构成了一个量级模型。

对于汉语中的"只"来说，"只"的量级用法也不能仅仅用衍推说明，只要是在话语情景中表达了焦点和它的激发的选项在某些方面的高低、远近、轻重、早晚、长短、多少等有序性概念，并且说话人有意对事物在这些有序性概念所表达的序列中的位置作出说明或判断，"只"就会表现出量级用法。

也就是说，"只"的量级用法既与"只"本身的排他性语义相关，也与焦点自身的特征有关，还与上下文语境相关，是各种因素作用的结果。区分"只"的量级用法和非量级用法对解释某些语法现象，深入认识算子的特点有重要意义。

接下来，我们将在前面关于选项和量级的基本特征的基础上，深入考察算子"只"的各种量级用法。

4.3.2　"只"约束数量成分的量级用法

数量表达是典型的量级表达，可以说表达量级是数量成分的一个重要的语义特征，是词汇层面的存在，不能被取消。因为数量表达有很独特的特征，比较大的数量是由较小的数量积累而成，所以较大的数量是较小的数量的包孕体，不能排除较

---

[1]　"他读过高中"能衍推"他读过初中"是从一般的正常受教育情况说的，有时候一个人受教育的过程会有比较特殊的情况，如从小学跳级读高中等，这种衍推就不成立了。

小的数量而获得较大的数量。也就是说，不能不建第一、第二两层楼直接就造第三层楼，或者说，如果把三层楼中的第一、第二层楼拆除，整个三层楼就不再是三层楼，而是一层楼了，它的楼层数已经发生了改变。所以处在数量表达形成的量级序列上的某个数值只能向上[1]排除，而不能向下排除。

由于数量是逐步积累、不能跨越的，所以数量表达必然会激发出一个衍推序列，当某事物某方面的数量达到一定量 x 时，一定能衍推出该事物在此方面的数量达到了一个比 x 低的量，反之则不然。

因为表达量级是数量成分固有的语义特征，因此当一个算子不具有量级用法时，它就不能约束数量成分。这一点在上文例（28）关于"只"和"也"的对比中已经有所证明。

从量级表达的角度看，当"只"约束数量成分时，"焦点"表达的数量之上的量可以被排除，而焦点表达的数量之下的量不能被排除。所以相对于选项中被"只"排除的量来说，焦点表达的是最低的量。有些词典，如《现代汉语虚词例释》中认为"只"限制数量成分表示数量少，意思也就是说相对于被"只"排除的选项而言，焦点表达的数量处在它们之下。此时"只"表示向上排除，名量、时量、动量皆是如此，如：

（45）我家中只有三口人。

（46）离考试只剩三十天。

（47）两国元首十年间只会晤过一次。

上面的三句话中，"三口"、"三十天"、"一次"都是实际达到的"最大量"，相对于被排除的量来说，它们都处在各自所在的量级序列的最低点。

从肯定的角度来看是如此，如果从否定的角度来看，那么情况刚好逆转过来，我们前面在说明量级的特征时已经说过，否定能使量级衍推逆转。所以，如果是否定句，那么"只"约束的焦点表达的量和实际的量相比，是"最小量"，相对于被排除的量来说，它处在其所在的量级序列的最高点，"只"表示向下排除，比如：

（48）我家不只三口人。

---

[1] 这里"向上排除"的意思，是把推移的量级看成是一个纵向的轴，最终的极限值为轴的上端，"只"所约束的焦点在该轴上的位置处于该极限值的下方。其他地方的"向上"和"向下"也当这样理解。

从表达上看[1]，该句排除的是"我家有两口人"、"我家有一口人"等低于"三口"的情况。

数量成分形成的量级序列还有一个特点是没有上限。尤其是当其谓词为表示存在的"有"、表示可能的"能"时，如：

（49）一年只有三百六十五天。

（50）一周只能工作七天。

在一定的上下文中，有些谓词能给数量成分形成的量级序列设置上限。比如：

（51）*他一周只工作七天。

这句话是不可接受的句子，之所以不可接受，就是因为对于一周的工作时间而言，七天就是它的上限，是最大量。当"只"约束的对象为"最大量"时，"只"没有可以排除的选项，因此其语义功能没有实现，句子就不可接受了。

4.3.3 "只"约束非数量成分的量级用法

非数量成分本身不一定具有量级特征。"只"约束非数量成分时是否表达量级，有时取决于上下文语境，并且反映的是说话人主观上的价值判断，当然这种主观判断也必须符合说话人所处社会的价值体系才能顺利完成交际的目的，比如下面的例子：

（52）这项法案只有一位**议员**表示反对。

（53）他只是一位**议员**。

（52）和（53）的焦点都是议员，都受到"只"的约束，但是很明显，（52）中"议员"激发的选项并不一定构成一个量级，即使各个选项在某一方面的特征上可以构成一个量级，但是说话人也并不着意强调焦点在这个量级上的取值，而只是意在说明焦点对其他选项的排除，说话人只是说明有一位"议员"，而没有其他人反对这

---

[1] 这里强调从表达上看，是说从说话人的意图来看是对有"两口人"和"一口人"的排除，而从客观对象的角度看，家中有三口人就一定会衍推"家中有两口人"和"家中有一口人"，"三口人"不能排除"两口人"和"一口人"。有些语句是对现实状况的陈述，有些语句不是对现实的陈述，而仅仅是话语表达方式，这两种区分有重要差别。Horn（1985）关于语用否定的文章中有一个著名的例子"She's not happy, she's ecstatic.（她不是高兴，她是欣喜若狂）"，该例中的否定也是从表达上而言的，意思是"I would not say she was happy, but rather I would say she was ecstatic.（我愿意说她是欣喜若狂，而不说她是高兴）"。

项法案。至于这位议员的某些方面是否会和其他选项构成一个有序的量级模型，"议员"在这个模型中的取值，说话人无意强调。[1] 而（53）中的"议员"激发的选项会依据某一性质比如按照社会地位高低，构成一个量级模型，说话人通过"只"对"议员"的约束，使得"议员"和其他被排除的选项相比，其取值低于其他选项，也就是说"只"约束"议员"，给"议员"赋值为量级上的最低值。"只"向上排他。（53）可能意在说明，他的社会地位不高，只是一个议员而已；或者说明他的影响力不够，只是一个议员而已，具体的语义需要在上下文语境中确定。

有时非数量成分在特定的语境中，获得了推移性的特征，也能和其他处于同一推移序列上的成员构成一个量级。"只"约束这样的非数量成分也是表达量级的用法，下面是这类用法的一些实例：

如果某人有计划在周五之前完成某项任务，在周二那天，当事人显得很焦虑，我们可以劝他：

（54）没关系，今天只是周二。

在北京去上海的列车上，在无锡站，某人没有听清报站，当他以为已经到了上海准备下车时，同伴提醒说：

（55）这里只是无锡站。

在这样的一些实例中，"只"约束的焦点在量级上的取值都低于最后的极限值，"只"也是向上排它的。

和数量成分表达量级不同，非数量成分表达量级时，处于较低位置的量由低到高地逐渐推移到处于较高位置上的量，处于较高位置上的量不是包孕处于较低位置的量，而只是在等级上与处于较低位置的量形成一个有序推移的量级模型，该量级上的每一个点的值不会依赖其他点的存在而存在。举个例子来说更容易清楚：假如一个人获得了司令的职位，他可能是由士兵而班长，由班长而排长，而连长，一步一步，最后而至于司令，但也可能直接拉了队伍自己作司令，而且即使是一步步逐级升迁而至于司令的，当他获得高一级职位的时候，以前所获的较低级的职务也不再保留，不是构成高级职位的元素。这样，在职位序列上，每一个职位相对其他的

---

[1] 该句在特殊的场合也能表达量级含义，比如意在说明持反对意见的人没有多大影响，所以他的意见可以不予考虑等，但该句一般表示非量级排他义。

职位都是互相独立的，它们构成的量级上的每一个值对上对下都具有排他性。如：

（56）a. 他是市长，不是省长。

　　　 b. 他是市长，不是镇长。

该例中"市长"既可以向上排除"省长"，也可以向下排除"镇长"。

虽然非数量成分构成一个量级时，在该量级上的每一值（除上限值和下限值）对上对下都有排他性，但是当某个值是算子"只"约束的焦点时，它就只表示向上排他性，在焦点和它激发的选项构成的量级上，焦点相对其他被排除的选项而言取最小值。例（56）中的市长受"只"修饰后，就只能向上排除"省长"，不能对下排除"镇长"，如下所示：

（57）a. 他只是市长，不是省长。

　　　 b. *他只是市长，不是镇长。

非数量成分形成的量级还有一个特点就是，这些量级的形成往往与人们对客观世界的主观认识相关，处于量级上的各个元素的相对位置高低是人们的一种主观认定，所以这些量级模型都会设定下限和上限。由于"只"是向上排他的，所以如果"只"约束的焦点为一个量级模型的上限值时，"只"无法向上排他，句子就不可接受，如：

（58）*他只是国家主席。

而如果"只"约束的焦点为一个量级模型的下限值时，句子会完全合格，从而表现出郭锐（2006）中说到的"只"字句中最高级表达的肯定和否定的不对称现象。对比下面的例子：

（59）a. *他只背得动最重的行李。

　　　 b. 他只背得动最轻的行李。

如果采用否定的表达，就会使这种量级表达逆转：

（60）a. 他只背不动最重的行李。

　　　 b. *他只背不动最轻的行李。

值得注意的是一个成分处在量级的最低点还是最高点不是单由该成分自身的语义决定的，而是由该成分关联的话语语境决定的，比如，"瞟了他一眼"和"盯着他看了很久"在时间上有长短，可以构成一个量级，如果要强调看的时间长短，那么"瞟了一眼"处在该量级的下端。我们可以说：

（61）他只瞟了他一眼。

而不能说：

（62）＊他只盯着他看了很久。

这一点我们同样可以用肯否对举的格式，将"只"排除的对象（即"只"约束的焦点激发的选项）明确化的方法来证明：

（63）a. 他只瞟了他一眼，没有盯着他看很久。

b. ＊他只盯着他看了很久，没有瞟他一眼。

但是，换一个场合，"他只盯着他看了很久"是很好的句子，比如：

（64）他只盯着他看了很久，并没有动手打他。

在这个句子中，"盯着他看了很久"和"动手打他"可能在对某事件作出的反应方面构成一个量级，"盯着他看了很久"是处在该量级的下端。

到目前为止，我们可以认为，在"只"的量级用法中，无论"只"约束数量成分还是非数量成分，"只"所约束的焦点取值都是在它和"只"所排除的由它激发的选项所构成的量级的最下端位置，也就是说，焦点在量级上取最小值。

4.3.4 "只"在限定条件时的量级用法

"只"既可以限定充分条件，也可以限定必要条件，"只"在限定条件时，无论是限定哪种条件，"只"都表现为量级用法。

充分条件是指对达成某一结果来说完全足够的条件，它的特点是"有之必然，无之未必不然"。"只"限定充分条件时，表示对实现某种结果来说，只需要某一条件就足够了。下面是限定充分条件的一些实例：

（65）我把这一席话暗暗记下，一字不移地写下来，看看忍不住要笑，因为只加上"说胡萝卜"的标题，就是一篇时髦的散文，虽说不上恬淡隽永。

（据张爱玲《说胡萝卜》中的例句，原文"只"为"只消"。）

（66）山庄聘请３６２名医疗保健专家，凭借先进的计算机网络系统，顾客只要几分钟，就可以找到北京乃至全国最好的医疗专家，获得满意的保健服务。（《人民日报》\1995\Rm9503b.）

（67）只要毛主席一句话，就能把颠倒了的历史再颠倒过来。［总参谋部《贺龙传》编写组《贺龙蒙难》（连载之三）］

（68）他们到来用不着说话，只那默默的目送，在火线上就会变化成为巨大的力量。（《现代汉语虚词例释》用例）

以上的例句，"只"都是限定充分条件，我们可以把以上的句子抽象为：只需要条件 A 就可以达到结果 B，不需要其他更多的条件。或者说，要达到 B，只条件 A 就足够了，不需要更高的条件。这样我们看到，"只"所约束的条件"A"和其他更高的条件也够成了一个量级。"只"所限定的条件 A 处在该量级的最下端。从是否需要的角度看，条件 A 对其上的条件构成了排他关系；从能否达到结果 B 的角度看，条件 A 对其上的条件构成了衍推关系。为什么会有这种相反的情况呢？因为"需要"是现实语境，从现实来看，既然只需要相对较低的条件，付出相对较少的努力就能达到目标，自然就不需要更高的条件，不会付出更多的努力。所以下端的条件 A 能排除上端的更高更多的其他条件。而条件是非现实的语境，根据沈家煊（1999）非现实句和否定句具有互通性，对于量级衍推来说，否定能逆转量级衍推的方向（Fauconnier, 1975），那么我们也能推断，条件的表达也能逆转量级衍推的方向。以上面的例子（66）来说，如果顾客只需要几分钟就能获得满意的服务，现实地看，当然不需要花更多的时间获得服务，但是从条件方面看，短时间能获得好的服务，那么更长的时间，更有把握获得更满意的服务。

"……只 A 就（能、会、可以、……）B"是充分条件的表达格式，该格式中的"只"约束的 A 位于 A 和其他更高条件构成的量级的下端，仅从条件的角度看是向上衍推，从实际的需要来说又是向上排他的。这种既排他又可衍推的关系也存在于一些该格式表达的其他句子中，如上文的一些例子，重述如下：

（69）a. 只非洲就有几千万饥饿的儿童。

b. 只数学就有几十道题。

c. 只三月份就有几十项重大革新。

在上面的例子中,"非洲"、"数学"和"三月份"的话题[1]特征比较明显,算子"只"约束"非洲"、"数学"和"三月份"[2]。语义上表示"只就非洲而论"、"只就数学而言"、"只就三月份的情况来说","只"的作用是把谈话的论域限制在一个较小的范围内。实际上,在论域的大小方面,"只"约束的对象和该对象所在的整个论域也构成了一个量级模型,"只"约束的对象取值为该模型的下端。根据衍推的规则,局部已是如此,整体更是如此:非洲有几千万儿童,全世界就更多;数学有几十道题,全部功课的题就更多;三月份有几十项重大革新,全部改革过程中的革新就更多。从话语层面来说,既然局部情况如此,那么整体的情况就无需多言了。话语层面的无需多说就体现了"只"的排他性。

对"……只……就……"格式而言,无论是限定条件还是限定话题(论域),"只"都是量级用法。而且在"只"约束的对象与其激发的选项构成的量级模型中,"只"约束的对象都取该量级的下端为值。句子都同时表达了两种不同的量级关系:向上排他和向上衍推。这种一致性支持了 Eve Sweetser(2002: 125-133)的观点:话题范畴与条件范畴之间具有紧密联系,话题是条件的进一步语法化。

我们再看一看"只"限定必要条件时的量级用法。

从逻辑上说,必要条件是达到某种结果必不可少的条件,其特征是"有之不必然,无之必不然"。如果未达到该条件,那么,事情就一定达不到预期的结果。"只"限定必要条件时,典型的结构是"只(有)A(才/方)能/可B"[3],其中A为名词性成分,B为可能达成的结果。如:

(70)只(有)老王(才)能解决这件事。

这句话的意思是,除了老王,其他任何人都不能解决这件事。从完成一件事所要达到的条件来看,这就意味着,老王比其他所有人具备的条件都好,所以"只"限定条件时,"只"所约束的条件和它所排除的条件仍然具有量级关系。在这个量级上,

---

[1] 《现代汉语虚词例释》把这种情况下"只"的用法解释为:表示项目单一,带有举例的性质,说明单就这一事物来说就已如此,更不必说其他的了。说明在这种情况下,"只"约束的是"话题"。

[2] 这里的"非洲"、"数学"和"三月份"虽然是话题,但是并不能否定它们的焦点身份,Krifka区分"话题—述题结构"和"焦点—背景结构",认为一个句子的话题和述题部分都可以有"焦点—背景结构",据此我们认为表达新信息的话题也是焦点。

[3] "只有"和"只"在语义和用法上有交叉,当"只有"位于句首时,如果其后为名词性成分,"只"和"只有"可以替换。"只"表示对条件的限制。关于"只"和"只有"的异同,拟另文讨论。

"只"约束的焦点取量级上的最大值，"只"向下排除其他条件。

对比上面"只"限定充分条件的特点，我们有结论如下："只"限定充分条件和必要条件的差别在于"只"限定的条件在由各条件构成的量级序列上的取值不同，并与此相应，"只"的排他方向也不一样。在限定充分条件时，"只"约束的条件取量级上的最小值，对是否需要而言，"只"向上排除其他条件；对能否实现结果而言，该条件是向上衍推。在限定必要条件时，"只"约束的焦点取量级上的最大值，"只"向下排除其他条件。

"只"限定充分条件和必要条件的差别，决定了它们在句法上的一些对立：

一是"只"限定数量成分[1]时，不能表达必要条件，但能表达充分条件。因为数量成分是向下衍推的，而必要条件是向下排他的。如：

（71）a. 只三个月就能完成任务。

　　　b. *只三个月（才）能完成任务。

二是"只"限定必要条件时，不能用"完全、足够"等表示夸张的词语修饰结果实现的可能性；而限定充分条件时可以。因为"只"约束必要条件时，该条件表示的是达到某一结果所必须的最低值，是"有之未必然"的条件，而充分条件恰恰相反，是"有之必然"，"未必然"和"完全、足够"的夸张意义是相冲突的。如：

（72）a. *只老张完全能／足可以解决这件事。

　　　b. 只老张就完全能／足可以解决这件事。

三是"只"限定的成分表示最小量时，不能表达必要条件，但能表达充分条件。因为在限定必要条件时，"只"约束的焦点取量级上的最大值。

（73）a. 只最小的噪音就能令他心烦。

　　　b. *只最小的噪音才能令他心烦。

（74）a. 只稍微看一眼，他就会记住。

　　　b. *只稍微看一眼，他才会记住。

四是"只"限定的成分表示最大量时，不能表达充分条件，但能表达必要条件。因为在限定充分条件时，"只"约束的焦点取量级上的最小值。如：

---

[1] 这里的数量成分是没有受"这、那"等指示代词修饰的数量成分，数量成分有指示代词时，其功能主要表示指称而不是表达数量，因此，"只这三个月能完成任务"是可接受的。

（75）a. 只最丰厚的报酬才能令他动心。

　　　b. ＊只最丰厚的报酬就能令他动心。

从上文的分析我们看到，区分"只"的量级用法和非量级用法对解释某些语法现象，深入认识算子的特点有重要意义。

4.4　"只"和其他排他性算子的用法比较

前面部分我们区分了"只"的量级排他和非量级排他的几种用法，初步说明了区分这两种用法能对一些语言现象做出解释。下面我们把它看成一个参数，以之区分"只"和其他排他性算子的异同。

4.4.1　"只"和"最"的异同

"只"是限定副词，表示"除此之外没有别的"，"最"是程度副词，"表示极端，胜过其余"。[1] 从所属的词类来看，二者风马牛不相及。[2] 但是，二者在语义功能上却有着不少共性。

共性之一："最"和"只"都是焦点敏感算子，当它们所在的句子的焦点发生变化时，它们会与不同的焦点关联，使得句子的真值条件发生变化。比较下面的两组例子：

（76）a. **老李**最喜欢猫。

　　　b. 老李最喜欢**猫**。

（76a）焦点在"老李"上，那么"最"和"老李"关联，意思是，在所论及的所有的人中，喜欢猫的人以老李为最。（76b）焦点在"猫"上，"最"与"猫"关联，意思是，在所论及的动物中，老李喜欢的以猫为最。假如，有老张比老李更喜欢猫，那么 a 一定假，而 b 可真可假。因为虽然老张比老李更喜欢猫，但是对于老李自己而言，他最喜欢的动物仍然可能是猫；如果，和狗相比，老李更喜欢狗，那么 b 一定假，但是 a 则可真可假，因为虽然老李最喜欢的是狗，但是和其他人比较起来，老李仍

---

　　[1]　这是《现代汉语八百词》对"最"的解释，见该书第 702 页。

　　[2]　如果笼统地说它们都是副词，是没有语言学价值的，因为副词本身就不是内部一致的词类，只有副词小类的内部才有一些共性。

然可能是最喜欢猫的人。

（77）a. 老李只教**小王**英语。

　　　 b. 老李只教小王**英语**。

（77a）中，"小王"是焦点，为"只"所约束，句意为"老王除了小王之外，没有教别人英语"；（77b）中，"英语"为焦点，它为"只"所约束，句意为"老王除了教小王英语之外，没有教小王别的"。设想有这样的情形，老王同时教小王和小李英语，没有教他们别的，那么 b 句真，a 句为假。假若老王同时教小王英语和日语，但是没有教其他任何人的话，那么 a 句真，b 句假。

共性之二：按照 König（1991）对焦点敏感算子的分类，"最"和"只"都属于排他性算子。它们之所以会和焦点关联影响句子的真值，原因就在于它们的排他性。通过比较它们和焦点关联影响句子真值的情况，我们发现"最"和"只"与焦点关联能够影响句子的真值，都是因为"最"和"只"与焦点所激发的选项相互作用，使得选项集中的成员表现出某些特性，并且它们使得焦点对选项集中的其他成员表现出排他性。

共性之三："最"和"只"约束焦点时，都有量级用法，而且"最"只能是量级用法。结合我们前面关于焦点敏感算子的量级分析，对"最"约束焦点的特性进行考察，我们可以发现："最"约束焦点时，它要求焦点激发的选项在数量上必须不少于三个，并且焦点和它所激发的选项也必须形成一个量级模型，这个量级模型是通过比较各选项某一方面性质的程度高低而建立起来的，"最"约束的焦点必须在该量级模型上取极大值或极小值，从而排除其他选项。

共性之四："最"字句和"只"字句都可以采用"也"追加类同项的办法确定焦点。因为"最"和"只"约束的焦点都有排他性，所以该焦点不能追加类同项，这样通过"也"追加类同项的办法，确定不能追加的项就是焦点。如下例（78a）中"最"关联"猫"，（78b）中"只"关联"电视"：

（78）a. 我最喜欢猫，小李也最喜欢猫。

　　　 b. 我只喜欢看电视，小李也只喜欢看电视。

那么"最"和"只"作为焦点敏感算子有何不同？

"最"和"只"的不同在于："最"在句中的位置固定，而"只"在句中的位置灵活，

"最"可以前向约束,"只"只能后向约束。下面(79a)中"最"能关联它之前的"我",(79b)中"只"不能关联它前面的"我":

      (79)a. 我最喜欢猫,我也最喜欢狗。

          b. *我只喜欢看电视,我也只喜欢看电影。

"最"只有量级排他,而"只"除了量级排他的用法之外还有非量级的排他。如:

      (80)a. 我最喜欢**小王**。

          b. 我只喜欢**小王**。

  (80)中的焦点都是"小王",但是(80a)中,"小王"在"为'我'喜欢的程度"这一特性上,和其他的选项构成一个量级模型,"最"约束"小王",使"小王"在该量级上取最大值,排除所有在该量级上取值较"小王"低的选项。而(80b)中的"小王"和其选项不在量级中,"只"排除所有"小王"之外的选项。

  在表达量级上,"最"和"只"的不同在于:"只"约束焦点形成的量级往往是依据人们认知上的常态确定的,或者是依据选项本身某方面的量级特性形成的;而"最"约束焦点形成的量级是人们对选项某方面性质的程度进行比较的结果,这个性质就是"最"修饰的谓词表达的性质,所以"最"字句中,"最"修饰的谓词必须具有[－定量]特征,而"只"字句中,"只"修饰的谓词则没有这个限制。下面的例子,谓语动词"买"不具有[－定量]特征,所以和"最"不能相容,而与"只"能相容。

      (81)a. *我最买一件衣服。

          b. 我只买一件衣服。

  在量级用法中,"最"关联的焦点在它与其选项构成的相关量级中取"极大值"或"极小值",而"只"关联的焦点一般在它与"只"所排除的选项构成的相关量级中取"极小值"。

4.4.2 "只"、"仅"和"光"的异同

  "只"、"仅"和"光"都是限定副词,三者在用法上差别较少,在工具书中一般被看成是语义相同的同义词。周刚(1999)认为三者虽大同,却也有不可忽视的小异。他从语义功能、句法分布、语用选择等三方面详细地比较了三者的异同,

结论是: "光" 限定范围, 有排他性。"仅" 限定量度、程度。"只" 则既限定范围, 又表示数量少、程度轻。这种语义特征上的差别在语义指向上也有所反映。下面的例句中, "光" 只能指向 "钱", "仅" 指向 "十元", "只" 既可以指向 "钱", 也可以指向 "十元"。

> （82）a. 他光给了十元钱。
>
> b. 他仅给了十元钱。
>
> c. 他只给了十元钱。

　　三者的句法分布也受到其语义特征上的制约, 同时受到语体特征的制约。因为 "仅" 不能限定范围, 只是限定量度和程度。所以, 凡是在没有数量含义的结构前面, "仅" 都不能出现。这些结构包括: 后面没有 "就" 配合使用的名词、代词和 "名词性成分＋数量短语" 的结构; 单个动词; 不出现数量定语的动宾短语; 不表示数量程度的述补短语; 兼语短语和连动短语; 表示动作行为的对象、方式、工具、地点的介宾短语。而 "只" 和 "光" 则能出现在这些结构之前。另外, "仅" 也不能用在祈使句中, 如:

> （83）＊教室里仅有他。
>
> （84）＊这些人仅说不干。
>
> （85）＊小王仅会说大话。
>
> （86）＊我仅呆在家里, 哪儿也不去。
>
> （87）＊他仅坐着发愣, 什么事也没干。
>
> （88）＊母亲仅让我做功课, 没有责备我。
>
> （89）＊小王仅那件事忘了。
>
> （90）＊不能仅用计算的方法解决问题。
>
> （91）＊别仅玩游戏!

所有这些句中的 "仅", 替换为 "光" 或 "只" 后句子都是好的。

　　"仅" 能修饰单个动词作定语, 还能用在格式 "为……所仅＋单个动词" 中, 这是其独特的用法, 应该是古汉语用法的遗存。"只"、"光"、"仅" 三者中, 只有 "仅" 的书面语气息最浓, 在有文言倾向的语体中, 一般用 "仅" 而不用 "只" 和 "光"。

（92）今年的水灾，为几十年来所仅见。

（93）这是他仅有的最后一点财产。

对于 "光" 而言，凡是在只有数量义或程度义的结构之前，"光" 都不能出现。这些结构有：数量短语；有数量宾语的动宾短语，有数量义的动宾短语；表示数量和程度的述补短语。例如下面的句子，"仅" 和 "只" 都能出现，但是 "光" 不能出现：

（94）＊小王今年光八岁。

（95）＊馒头我光吃了一个。

（96）＊我的考试成绩光次于小李。

（97）＊我光去了天津两趟。

"只" 的用法覆盖了 "仅" 和 "光"（除了 "仅" 的特殊分布之外），并且还能用在原因和目的分句之前或紧缩复句之前。如：

（98）只因为不小心，才闯了大祸。

（99）只等军号一响，就要发起冲锋。

周刚的分析描写都很细致，但是按照周刚的分析，下面的例句对 "光" 和 "仅" 都是例外。

（100）a. 老张是董事长，老李只是办事员。

　　　　b. 老张是董事长，老李仅是办事员。

　　　　c. ＊老张是董事长，老李光是办事员。

（101）a. 只老张就能解决问题。

　　　　b. 仅老张就能解决问题。

　　　　c. 光老张就能解决问题。

上面的两组例子，"办事员" 没有数量义，但却能受 "仅" 限制，不能受 "光" 限制。（101）中句首的 "老张" 也没有数量义，三者都能对它进行限制。用上面的解释来区分恐怕不会很清楚。

如果用量级和非量级的用法作为参数来对它们进行区分，问题则会解释得更加清楚。"只"、"仅" 和 "光" 作为限定副词，在语义上都会和句中的某个成分联系。它们所联系的对象通常被称为语义指向对象，实际上，都是句中的焦点。和 "只" 一样，

"仅"和"光"与它们所关联的对象也可以分析为"算子"和"焦点"的关联（或约束）关系。[1]

对比分析"只"、"仅"和"光"所关联的焦点激发的选项中成员之间的关系，可以发现"只"关联的焦点和其选项之间既可以形成量级关系，也可以形成单纯的排他关系。也就是说，"只"有量级排他和非量级排他两种用法，而"仅"关联的焦点与其选项之间一定构成量级关系，它关联的焦点也处在该量级的最下端。这个量级关系涉及的不只是数量、程度，也可以有其他方面，比如：社会角色地位等，也就是说，"仅"只有量级用法。"光"关联的焦点与其选项之间则没有这种量级关系，焦点只对其他选项构成排他关系。"只"、"仅"和"光"三者在量级用法和非量级用法中的不同决定了它们在句法分布上的不同。如上文分析，"数量"、"程度"一定会形成量级，所以不能成为"光"约束的对象，而如果焦点和它激发的选项之间没有或不能形成量级关系的话，就不能成为"仅"约束的对象。"只"则没有这种限制。因此在句法分布上有以上周刚（1999）谈到的种种差别。

再看上面说到的周刚（1999）不能处理的两种情况。

（102）a. 老张是董事长，老李只是办事员。

b. 老张是董事长，老李仅是办事员。

c. *老张是董事长，老李光是办事员。

前文在分析"只"的量级用法和非量级用法时已经说过，在"老张是董事长，老李只是办事员"这样的格式中，"办事员"和它激发的选项之间是一种依据它们在某一方面性质程度的高低而构成的量级关系，如董事长和办事员的职务有高低，能力有大小等都可以构成一个量级模型。

在上面的例子中，因为"只"和"仅"都有量级用法，所以（102a）和（102b）是好的，而"光"不能有量级用法，所以即使"办事员"不能表达数量和程度，（102c）句也不能接受。

另一组例子的情况：

---

[1] 从这个角度来看，"只"、"仅"和"光"都是焦点敏感的，但是由于它们词语内在的语义特征限制了它们关联的焦点的特征，它们在句中关联的焦点相对明确，不会因为焦点不明确而导致句子的多义或歧义。另外，对于"仅"保留的古汉语中的两种用法，因为不是一个历史层次的，本书暂不作分析。

（103）a. 只老张就能解决问题。

　　　　b. 仅老张就能解决问题。

　　　　c. 光老张就能解决问题。

根据前文对 "只" 限定充分条件的分析，算子限定充分条件时，其焦点可以和其他选项构成量级关系，焦点在该量级上取最低值，仅从是否需要的角度来看，焦点也可以和其他选项构成排除关系。所以这种格式中，限定算子约束的焦点与其选项之间不必一定是量级关系，所以 a、b、c 三个句子都是好的。

4.5　对有关句法现象的解释

通过上文的分析，可以看到，无论是量级排他还是非量级排他，"只" 约束的焦点都必须能激发出一个不同于自身的选项，以使 "只" 的排他性要求得到满足。"只" 的排他性要求使它所关联的对象与其所激发的选项集 [1]（包括该对象）构成部分与整体的关系。换句话说，"只" 限定的对象的范围是更大范围中的一部分，"只" 限定的对象的量既不能是全量，也不能是为空的量。

下文将据此解释一些与 "只" 的语义相关的一些语言现象。

4.5.1　"只" 不能限制强势量化词的问题

蔡维天首次在《谈 "只" 和 "连" 的形式语义》中谈到 "只" 不能限制强势量化词的问题。所谓强势量化词，最早是由 Milsark（1974）提出的对量化词的分类概念。英语中有一类量化词不能出现在存现句中，而另一类可以：

（104）a. * There are every people/all people/most people in the room.

　　　　b. There are a few people/some people/three people in the room.

如（104a）所示，由 every、all 及 most 修饰的名词不能出现在存现句中，而另一类由 a few、some 和 three 修饰的名词则可以，前者就是强势量化词（strong quantifier），后者是弱势量化词（weak quantifier）。蔡维天认为，汉语中也存在对应的强势量化词和弱势量化词的对立。如：

---

[1]　选项集由该对象和它所激发的所有的选项共同构成。

（105）a. ＊房间里有每个人／所有的人／全部的人。

　　　 b. 房间里有几个人／一些人／三个人。

在"都"字句和"有"字句中也显示了这两类量化词的区别：强势量化词在主语位置时需要跟着"都"，弱势量化词居主语位置时则需要"有"在它的前面。

（106）a. 每个人／所有的人／全部的人＊（都）来了。

　　　 b. ＊（有）几个人／一些人／三个人来了。

同时，蔡维天还认为，强势量化词和弱势量化词的区别在"只"字句中也会显示出来，复述其例如下：

（107）a. ＊阿 Q 只骂了每个人／所有人／全部的人。

　　　 b. 阿 Q 只骂了几个人／一些人／三个人。

蔡维天用 Horn 的焦点 —— 断言二分理论对之进行了分析，其分析颇为中肯，但是结论却值得商榷。用蔡维天提出的判定中文强势量化词和弱势量化词的方法，遵从蔡维天的结论，我们很容易得到下面的例句是不合法的结论：

（108）进村后，日本人只杀光了所有的男人。

但是很显然，上例是很好的句子，可见，强势量化词可以出现在"只"的辖域中，受到"只"的约束。

那么为什么"阿 Q 只骂了每个人／所有人／全部的人"不好，而"进村后，日本人只杀光了所有的男人"却是好的呢？

用"只"对它所约束成分的"量"的要求来解释则很清楚："阿 Q 只骂了每个人／所有人／全部的人"中，"只"限定"骂"的对象"每个人／所有人／全部的人"，而从语用角度来看，"每个人／所有人／全部的人"相对"骂"的行为而言，已经是该行为涉及对象的全集，而"只"语义上要求其所限定的对象不能是全量。所以该话语不合格。在"日本人杀光了所有的男人"中，"只"所限定的"杀"的对象是"所有的男人"，但对于"杀"而言，"所有的男人"不一定构成该行为所能涉及的对象的全集，"男人"处在和"女人"、"小孩"构成的更大的集合中。因此，虽然强势量化词"所有"出现在"只"的辖域中，该句子仍然是合法的。

由此可见，"只"能不能限制强势量化词跟强势量化词在句子中是否表达"全量"

有关，如果该量化词表达的量符合 "只" 在语义上对其限定对象的 "非全量" 和 "非空量" 的要求，强势量化词可以出现在 "只" 的辖域中，受到 "只" 的约束。强势量化词本身是否表示 "全量" 与它联系的谓词相关，因为不同的谓词在语用上有不同的限制。

4.5.2 "只" 位于光杆动词前，句子不完整

据《现代汉语八百词》"只" 在语义上可以 "限制动作本身"，在句法上可以出现在动词性成分前，但是有意思的是，在这两个条件都具备的情况下，"只" 位于光杆动词前，句子却难以接受，至少不完整，如：

> （109）a. ＊他只高兴。
>
> b. ＊苹果我只吃。
>
> c. ＊她们在北京只工作。

同样的问题卢英顺（1995b）已经提出过，卢英顺注意到下面的说法是不好的：

> （110）a. ＊《家》我只买了。
>
> b. ＊他只死了。

他的解释是："只" 有表示 "某客体在量上没有达到极限" 的语用含义，"量" 不仅仅是 "数量"，还可以是 "程度" 或者其他。当某一行为或状态等已经达到极限时就不能用 "只" 修饰。[1] 动词 "死" 和 "买" 都表达的是极限量："对一个人来说，没有什么比 '死' 更进一层了"；"就 '拥有' 而言，'买' 已经到了极限，因为一个人一旦 '买' 了书，他就可以长期占有不必还人"。因为 "只" 不能修饰 "买" 和 "死"，自然也不能成为 "只" 的语义指向对象 [2]，而 "只" 又是后指性的，所以该句中 "只" 的语义指向落空，句子就不合法了。如果改变了句子的语序，使 "只" 可以指向别的成分或者替换不同的动词，那么，句子就可以接受了。

> （111）a. 我只买了《家》。
>
> b. 他只病得厉害，并没有死。

---

[1] 依据原文的意思，不能用 "只" 修饰的确切含义是不能成为 "只" 的指向对象。

[2] 所谓语义指向对象也就是 "只" 作为算子关联的焦点。关于焦点关联和语义指向的关系，在后面的第五章将会有讨论。

他进一步举出了如下的例子作为证明：

（112）a. 这本书他只借两天。

b. *这本书我只买两天。

（113）a. *他每周只工作七天。

b. 他每周只工作六天。

卢英顺注意到了"只"修饰光杆动词的不合格情况，但是对事实的观察还不够深入，他的分析与解释力也就比较弱。这种欠缺表现在：在分析材料时，或者所举的语料不能构成最小对立对，这样即使分析抓住了要害，也不能从逻辑上排除其他因素的影响，如（110）和（111）的分析；或者所举实例虽然是最小对立对，但是从更多例子和角度观察，它们不具有解释力。比如（112）："买"是瞬间动词不能和"两天"相容，而"借"是表示使用权转移，转移有时间限度，故可以和"两天相容"。如果在"买"和"借"后加上"了"，两个句子都可以成立，"两天"表示从动作完成到说话时之间的时间长度，如（114）所示：

（114）a. 这本书他只借了两天。

b. 这本书我只买了两天。

或者分析的结论不能推广，如：

（115）一年只有三百六十五天。

就构成了（113）的反例。

从卢英顺提供的例子，我们作进一步的引申，可以发现以下几个问题：

一是用任何一元动词而非动词性短语替换（110b）"*他只死了"中的"死"，句子都不合格。而如果动词后有其他成分作为补充信息出现，句子就合格了，即使动词为"死"句子也可以合格，如：

（116）a. *他只受伤/累/哭/跑/病/生气了。

b. 他只胳膊受伤了。

c. 他只有点累了，还能坚持。

d. 他只哭了几声（就恢复了常态）。

e. 他只跑了三圈。

  f. 他只病了一天。

  g. 他只生气了一会儿。

  h. 他只死了一天（，尸体还没有腐烂）。

  二是用任何二元动词替换（110a）"《家》我只买了"中的"买"，同时替换相应的前置宾语，句子也都不合法，如（117）所示，除非动词另有其他成分作为补充信息，如（118）；或者将受事成分置于动词之后，如（119）所示：

（117）a. *《家》我只借了。

  b. *面包我只吃了。

  c. *张三我只打了。

  d. *牛奶我只喝了。

  e. *房间我只打扫了。

（118）a.《家》我只借了一天。

  b. 面包我只吃了一个。

  c. 张三我只打了一下。

  d. 牛奶我只喝了三口。

  e. 房间我只打扫了一半。

（119）a. 我只借了《家》。

  b. 我只吃了面包。

  c. 我只打了张三。

  d. 我只喝了牛奶。

  e. 我只打扫了房间。

  可以看出，"只"后的实义成分如果只有光杆的动词，不管这个动词是不是表示了"极限的量"，句子都不合格。为什么？

  笔者认为，这些句子的合格性都与"只"的语义特征相关。在上文，我们分析了"只"的量级用法和非量级用法，无论是量级排他还是非量级排他，"只"约束的焦点都必须能激发出一个不同于自身的选项，以使"只"的排他性要求得到满足。如果"只"的排他性要求不能得到满足，句子就会不可接受。这一点正是导致以上现象的原因。

  分析合格的句子，"只"都指向动词相关的附加成分，而不指向动词。正反两方面的实例说明，"只"一般不能指向谓语动词。为什么呢？我们设想动词和动词的附加信息具有不同的特征，该特征影响了句子的合法性。

动词和动词附加成分的不同在于，从句法结构上看，动词是句子必不可少的结构成分[1]，而附加成分则是可有可无的，早期中心成分分析法充分说明了这一点。从成分负载的信息量的角度看，也就是语义重要性来看，动词的附加成分传递的信息量要比动词传递的信息量大得多。信息量越大的成分，对比项越多，语义上越重要，越容易成为焦点；信息量越少的成分，对比项越少，语义上的重要性越小，越难以成为焦点。

由于这样的原因，当动词的附加成分作为焦点与"只"相关联时，我们很容易得到一个相关成分构成的选项集，"只"选取某些对象，排除其他对象，使句子获得明确的解释，听话人对句子的解读也很容易进行。而如果动词成为焦点，要么会因为名词与动词之间的选择限制，作为焦点的动词没有可替换的选项，或者因为焦点动词与可能的选项动词之间的相关性不容易建立，使得"只"与它们相关联时，排除的对象不容易明确，句意就难以理解。比如：

（120）我只买了《红楼梦》。

"红楼梦"获得自然重音，成为"只"关联的焦点。很自然的理解是：我只买了《红楼梦》，没有买其他的书。假设通过移动重音，使"买"成为焦点与"只"关联，那么听话人很难对句子获得完整清晰的理解。"我"对"红楼梦"的行为除了"买"之外，可能还有哪些？这一点在说话人和听话人之间难以达成一致，也就是说，话语交际得以顺利进行的共同背景难以确立，必然导致理解困难。

因为"只"的后指性，当"只"后为光杆动词时，"只"只能约束动词，而约束动词时会导致理解上的困难，所以采用这种结构的表达难以让人接受。

当说话人出于语义表达的需要，一定要使谓词成为"只"的指向对象时，往往在可能的情况下，采用对举的格式，使谓语动词处于肯否对照的形式中，从而明确说话人用"只"所要限定的和排除的动作行为，如：

（121）苹果我只吃不买。

---

[1]　当然也有一些特殊句式，动词为其他成分所隐含，此时动词可以省略。这种情况没有普遍性，对分析的影响不大。

在对举的格式中，很多单说不合法的句子，一旦处于对举格式就都合法了，就是因为通过肯否对举使语意显豁，便于解读。如上面（117a）和（117b）对应下面的合格式：

（122）a.《家》我只借了，还没有看。

b. 面包我只吃不做。

但是，卢英顺的文章中（110b）不能采用对举的方式使之合格化，这是否构成了我们论证的反例呢？我们认为，该例不可接受的原因，只能从语用的角度来看，"死"往往和人的生命历程相联系，"死了"作为焦点和它激发的选项容易构成一个推移性的量级模型，而"死"表示的是生命过程的瞬间终结。从生命历程的角度看，达到"死"这一终结点，也就经历了所有的过程，"死"也就取该量级模型中的极大值，而且向下衍推，实际表达的是全量的概念，这与"只"约束的焦点不能表达全量的语义要求相矛盾。而在（116h）中，"只"与"一天"相关联，"一天"也可以和其他时量构成一个量级模型，但并不会在该模型上取最大值，因此一天表达的是部分量，所以句子是好的。

（110）b. 他只死了。

（116）h. 他只死了一天（，尸体还没有腐烂）。

上文例（115）与（113a）都是表达时间量，（113a）符合上面所说的"只"在量表达上的要求，但（115）似乎构成了"只"表达全量的反例，如何解释呢？

（113）a.* 他每周只工作七天。

（115）一年只有三百六十五天。

我们认为：一个成分表达的是否是全量，不是由成分本身的语义决定的，而是由成分之间的语义关系共同表达的。（115）是表示一年拥有的时间在时间的量度上不超过三百六十五天，但是三百六十五天显然不是时间的全部，时间是无始无终的，是永恒的，所以"三百六十五天"也是一个部分量。而"每周只工作七天"，从一周可能提供的工作时间来看最多就是"七天"，所以"七天"表达的是一周工作时间的全量。这样（113a）自然不好，而（115）却非常自然。

4.5.3　关于"只"在复杂动词结构中的浮动限制的解释

在上一章，我们考察了"只"在复杂动词结构中的浮动限制，发现"只"在复杂动词结构中有时可以浮动，有时仅能出现在某一位置，为什么会如此？决定"只"能否出现在复杂动词结构中的某一位置的因素是什么？我们注意到，同样的结构会因为词语的不同而使浮动情况不一样，因此认为它难以归结为句法上的因素，而是语义上的因素。我们曾简单地把这个制约因素说明为："只"后的成分能否激发出语义明确的选项与句中其他成分构成合适的语义结构体。换句话说就是，"只"后的成分能否使"只"的排他性得到满足。我们以以下几个例子来分析。

（123）a. ＊她们只走进了北房。

　　　 b. 她们只走进过北房。

（124）a. ＊她们只鼓起了勇气。

　　　 b. ＊她们只鼓起过勇气。

（125）a. 她们只送来了杂志。

　　　 b. 她们只送来过杂志。

这三组例子，第一组述补结构后用"了"句子不好，用"过"就行，第二组用"过"用"了"都不好，第三组无论用"过"还是用"了"句都很好。为什么？原因就是现实或语法上的限制，使"只"可能关联的对象能够或不能够激发出明确的选项与句中其他成分构成合适的语义结构体。例（123）从现实情况来说，在一维的时间中，人只能走进一间屋子，不能既走进了某一间屋子又走进了另一间屋子，但是却可以在不同的时间走进过不同的屋子，所以（123a）中"北房"不能激发出选项，而例（123b）中的"北房"能激发出不同的选项构成"她们走进过 x"。例（124）中"鼓起"往往只选择"勇气"为宾语，所以二者互相限制，"鼓起 x，x 不是勇气并且 x 和勇气相关"，这样的命题很难在人脑中求得 x 的解，形成合适的语义结构体。同样"x 勇气，x 不是鼓起，且 x 和鼓起相关"，以及"她们 x，x 不是鼓起勇气，且和鼓起勇气相关"两个命题中的 x 也很难求解，难以形成合适的语义结构体，这样"只"后的任何结构成分都不能激发出合适的选项与句中其他成分构成合适的语义结构体，所以 a 和 b 都不好。例（125）中，人可以在同一时间送来不同的东西，这些东西就形成了"杂志"的候选项，这样"只"和"杂志"关联后，"杂志"很容易激发出选项形成"她们送来了／过 *x*"这种结构，并且这里的"*x*"能满足"*x* 不是杂志，但是与杂志同样为投递物"的条件，使"只"的排他性要求得到满足，所以 a 和 b 都是好的。

下面"只"在状中结构中的浮动限制也是如此，"开始"是瞬间完成并且不能重复的动作行为，一旦在某一时间"开始"，就不能选择在其他时间"开始"，这时对其他时间的排除就是没有意义的，所以（126a）不好，（126b）也因为"开始"难以激发出选项 *x*，*x* 符合条件"从明天 *x*，*x* 不是'开始'，但与'开始'相关"，并且为"只"排除。（127）中"周一"可以选择"上 *n* 节课"，"一节课"能成为"只"约束的对象，也能选择任意工作日"上一节课"，故"周一"也能成为"只"约束的对象，所以（127a）和（127b）都是好句，"只"能在状语和中心语之前的位置间浮动。

（126）a. ＊只从明天开始。

　　　b. ＊从明天只开始。

（127）a. 在周一只上一节课。

　　　b. 只在周一上一节课。

4.6　本章小结

本章从算子在句子语义表达中的作用这个角度研究了"只"的语义特征解释，具体分析了作为焦点敏感算子的"只"的量级和非量级两种不同用法，比较了"只"和其他排他性算子在量级用法和非量级用法方面的异同，从"只"的语义表达特征的角度对相关的某些语法现象作了解释。

焦点敏感算子在句中和焦点的相互作用，会使句子在表达不含焦点敏感算子的基本命题意义之外，对由焦点和焦点激发的选项组成的选项集中的成员进行性质判断，即断定由这些选项替代焦点形成的命题的真值。不同算子的语义不同主要表现在其对焦点所激发的选项集中其他成员的性质判断上。排他性算子"只"会断定焦点之外的所有选项替代焦点而构成的命题为假，仅焦点构成的命题为真。

算子在约束焦点时，如果焦点和它激发的选项构成的命题本身具有衍推关系，或者这些命题是对现实中某种事物推移过程的表达，或者它们的语义在一定的上下文语境中依据某种情理在语义强度上有高低不同，这些命题就会构成一个量级模型，有些算子和焦点关联时，不能表达出命题间的这种量级关系，而有些算子和焦点关联时能使命题之间的这种量级关系显现出来，能否表达量级是算子本身的重要功能之一，体现了算子的语义特性。"只"在和焦点关联时，由于量级模型上端的命题只能衍推而不能排除处于其下面的命题，只有下端的命题才能排除其上面的所有命题，因此"只"的排他性要求要得到满足，就会使"只"约束的焦点的语义值在由焦点和"只"排除的选项构成的量级模型中取下端的最小值，从而体现出量级用法。能表达量级是"只"的重要功能，我们称之为"只"的量级用法，如果焦点和其激发的选项构成的命题没有构成量级模型，那么"只"约束的焦点取值没有量级上的限制，"只"就是非量级的用法。

　　"只"的量级用法和非量级用法的区分有重要的语言学价值，它可以作为一个区分"只"和其他排他性算子的参数，我们依据这个参数对"只"和其他排他性算子的用法进行了比较。无论是量级用法还是非量级用法，"只"都要求它约束的焦点能激发出合适的选项与句中其他成分构成合适的语义结构体，使它的排他性要求得到实现。这是限制"只"在某些句法结构中隐现的语义原因。"只"的量级用法还要求"只"约束的对象不能是全量，这使"只"不允许表示全量的强势量化词在它的辖域之内受到约束。

第五章　焦点对"只"的语义指向的制约

我们在导论部分综述前贤对"只"的研究时指出，人们对"只"的研究主要集中于"只"的语义指向方面，"只"的语义指向问题是研究"只"的核心问题，也是汉语语义指向理论研究的一个重要问题。本章从焦点关联的角度来研究"只"的语义指向问题，首先描写"只"字句中"只"的语义指向，勾勒出关于"只"的语义指向的基本面貌，然后厘清算子的焦点敏感和语义指向的关系，再分析"只"字句中的焦点表达及焦点对"只"的语义指向的制约，寻求"只"的语义指向规律，最后借鉴选项语义学对"只"和其指向对象之间语义关联的机制进行解释，同时把这种解释推广到整个汉语焦点敏感算子的语义歧指现象。

5.1　"只"的句法分布及其中"只"的语义指向

关于"只"的句法分布及"只"的语义指向问题，在陈伟琳 & 贾齐华（1993）、王丽君（2000）和李范烈（2009）中已经有较详细的描写。本章为了下面论述的需要，再次作一个简单的梳理。因为语义指向本来是指成分之间的直接语义关系，所以本书对"只"的语义指向的考察在句法格局中进行。正如前贤观察到的，"只"具有语义后指性，所以本书在分析句子的格局时，为了表达上的简洁，忽略对"只"前成分的描写。

下文将以"只"的句法分布[1]为基本框架，描写"只"出现在各种句法环境中的语义指向。

5.1.1　"只"居非关系小句的句首

"只"居非关系小句的句首时，"只"只能指向紧邻其后的直接成分。这些成分有句首状语，如例（1），有主语，如例（2）（3）（4），也有话题，如例（5），这些成分有简单形式，也有复杂形式，（1）是介宾短语，（2）是一个专名，（3）是复指短语，（4）是并列短语，（5）是数量名的形式：

（1）只在这一点上，他表现得还算到位。[梁晓声《激杀》(连载之四)]

（2）卢慕贞于第二年生下二女孙婉，留在檀岛住了10年，因孙眉倾力支持其弟弟革命而破产，举家迁回香港，只孙科留在檀岛读书。（唐仕进《孙中山的原配卢慕贞》）

（3）鸡西矿务局大通沟煤矿宋吉林一家，过去老少四代9口人，只他一人每月有２００多元收入，靠救济过日子。（《人民日报》\1995\Rm9511b.）

（4）如果哪天公爹出门，只我和柱哥留在家里，这便是天赐良机，原的胆子就大了，他占柱哥后，就把我往屋里领……[尤凤伟《石门呓语》《石门夜话》续篇(连载之五)]

（5）而中国有中国的难处，真要全盘接受了，只一个琼瑶，就有理由向中国的各出版社各刊物索要几百万。（梁晓声《冉之父》）

5.1.2　"只"位于主语后

"只"在主语后时，可以位于不同的句法成分前，表现出位置灵活的特点，下面我们以"只"后修饰的不同结构成分来说明"只"在句中的位置及其语义指向。

5.1.2.1　只＋主谓结构

当整个句子是主谓谓语句时，谓语部分可以看成是一个简单主谓句，"只"位于句子的主语后，其后是该简单主谓句。此时，"只"指向紧邻其后的该简单主谓句的主语部分。

---

[1]　本书不考察"只"在关系小句中的分布及指向，因为语言结构有递归性，"只"在关系小句中的分布是它在非关系句中的关系化的结果，所以"只"在非关系句中的分布和指向规律也适用于它在关系小句中的情况。

（6）这个地方以前只他来过。（卢英顺用例）

如果这个主语是复杂的形式，"只" 可以指向该主语内部的不同成分。下面的句子中，"只" 可以指向 "晓鸣"、"哥哥" 和 "晓鸣的哥哥"。

（7）这个问题只晓鸣的哥哥能解决。

5.1.2.2　只＋状中结构

"只" 位于状中结构前时，其后的所有成分都是其可能的指向对象，在实际的语料中，"只" 指向的成分如下：

一是指向紧邻其后的状语中的成分。[1]

句子的状语有多种不同的类型，"只" 往往在介宾短语充当状语时指向该短语中的介词宾语。这些介词宾语可以有不同的语义类型，下面的几个例子中，介词宾语的语义类型分别是凭借、工具、对象、原因、与事。

（8）而且在签订协议时，他还特意吩咐邓斌，不许以中兴公司的名义，只以金城湾开发总公司的名义签。[马东伟《弥天大谎的破灭 —— 无锡新兴公司非法集资案查处始末》(1)]

（9）我们不能只用交换价值来衡量我们的行为，而应有更加广阔久远的参照系。（莲子《活需要真诚》）

（10）在长沙师范整整读了 5 年，他对数、理、化等科敷衍了事，只对文学发生浓厚的兴趣。（杨柳枝；伍厉矛《廖沫沙的风雨人生》）

（11）看到他那副痛苦的样子，我心软了，甚至觉得自己是不是有点自私，只为自己一时上不了学痛苦，而没有替他想想。（肖华《我和张艺谋的友谊与爱情 —— 往事悠悠》连载之七）

（12）那女人如今成了一位富寡，子女都在美国商界，她只和一位老佣人住在台北。（梁晓声《冉之父》）

"只" 在其他非介宾结构的状中短语前时，一般不指向状语部分，如下例 "只" 不能指向 "小心翼翼地"，可以指向其他的 "老师"、"一封信"、"写了一封信" 等。

（13）他只小心翼翼地给老师写了一封信。

---

[1] 在前人的研究中，都把此处的情况称作是指向状语，但是本书认为 "只" 在此时指向的是状语中的一部分，而不是整个状语。文中例句中的 "只" 都指向状语中的介词宾语。

二是指向状语后的中心。

（14）我并不知道历史上曾经有过这样一场战争。我是医生，我除了医学之外，其他一律不感兴趣。我只同您讨论医学。（毕淑敏《预约死亡》）

（15）人不能只给自己留一条路走。（方方《桃花灿烂》）

三是指向整个状中结构。

"只"指向整个状中结构，实际上就是指向整个谓语部分。

（16）与"四人帮"大段大段地横加指责、上"纲"上"线"的批语形成鲜明对照，邓小平仅在这份材料上画了个圈，而周恩来后来也只在江青派人专送的传阅件上批了"已阅"两个字。[铁骥《周恩来与邓小平在1974》（下）]

（17）她还没结婚，只比我们大七八岁。（梁晓声《一个红卫兵的自白》）

（18）那别人一定会喊，噢，这个解放军原来是个潜水员啦，要不他怎么只往水底沉呢？（方方《桃花灿烂》）

（19）她昏沉沉的，好像完全失去了知觉，我叫她，摇她，她什么表情也没有，只把睫毛闪了一下。（毕淑敏《预约死亡》）

（20）演员们第一次对台词时，章泯没说话，只在一旁冷静地观察。（王素萍《她还没叫江青的时候》连载之十二）

（21）我一点也不能动，已经没有除去他的能力了；倘在平时，只将身子一扭，就能使他退避。（鲁迅《野草》）

（22）唐告我，他将有一特殊重要任务，戴笠还准备好让我去充当他的助手，他这次谈得很含糊，我只大致上估计他将去沦陷区工作，而我告诉他，已决定让我去上饶第三战区编练处训练便衣混成队。[沈醉《"花花公子"的晚节》(2)]

（23）待他出来时，没有寻常那种志得意满之态，只淡淡地把小说往我面前一甩，说："……"（方方《入厕阅读》）

四是指向状中结构所包含的述宾结构的宾语。

（24）她的眼神那么空洞无物，似乎已不再看世界，而只紧紧盯着自己的腔体。（王朔《痴人》）

5.1.2.3　只＋连谓结构

一是指向连谓结构的前项。

（25）杨过慌不择路，发足乱闯，只拣树多林密处钻去，奔了一阵，只听得背后喊声大振，四下里都有人。（金庸《神雕侠侣》）

（26）即使我口口声声地说用稿费请客，他们依然也只挑着便宜的菜肴点上桌来。（方方《吃饭》）

（27）第二天他干脆不穿上衣了，光着脊梁，只穿着那条旧蓝布裤在外面转。（肖华《我和张艺谋的友谊与爱情——往事悠悠》连载之十二）

二是指向连谓结构的后项。

（28）咕咕哝哝独自说的是："我花了四年时间，改了五稿，他就只偷出去卖了三百多美金……"（梁晓声《冉之父》）

（29）明天就要见报了，那些记者们穿来穿去，手里拿着笔，他们可不是只来吃喜糖的。（王素萍《她还没叫江青的时候》连载之十七）

三是指向整个连谓结构。

（30）百山什么也不说，只低下头去看着儿子笑笑，一面伸出手臂把他搂得紧紧的。[《读者》（合订本）]

（31）李士群见陈恭澍坚决表示没有和唐生明在工作上有往来，只代他发过这份电报，还是辗转送给他的。（沈醉《"花花公子"的晚节》(5)）

（32）不知转了多少这样的商店，最后只花了不到十元钱买了两件东西。（肖华《我和张艺谋的友谊与爱情——往事悠悠》连载之七）

5.1.2.4　只＋兼语结构

一是指向兼语成分。

（33）当时，只有一个同学和她来往较多，那就是后来成为上海电影制片厂著名电影演员的魏鹤龄。（王素萍《她还没叫江青的时候》连载之五）

（34）李云鹤虽然不愿离开上海，可面对被捕的危险，她也只有这一步棋可走了。（王素萍《她还没叫江青的时候》连载之九）

（35）结果这次整团建团，全大队只批准了两个知青入团，我就是其中的一个。（肖华《我和张艺谋的友谊与爱情——往事悠悠》连载之五）

（36）是的，诗是一个"圣所"，只能带着真挚的感情才能走近她，她也只让带着真挚的感情的人走近她。（曾卓《诗人的两翼》）

二是指向兼语的陈述部分。

（37）你吐个数，我们翻番儿给你，只求你从中疏通疏通……（梁晓声《冉之父》）

三是指向第二个动词宾语。

（38）只准你生一个孩子，你能想得通吗？[《读者》（合订本）]

四是指向整个兼语结构。

（39）大家只呼他为懒人，他也懒得否认。（老舍《记懒人》）

（40）这次对李的死，只派了伪行政院秘书长陈春圃代表他去了一趟，发五万元治丧费，不敢大肆铺张。[沈醉《"花花公子"的晚节》(9)]

5.1.2.5　只＋动宾结构

一是指向宾语。

"只"指向其后动宾结构的宾语是一种优势指向。有很多复杂的结构形式，它们都能以动词宾语的身份整体成为"只"的语义指向对象。

（41）"形而上的心理学"——基本上是哲学的讨论因而也无法检验——克兰只发现有不少于16种的弗洛伊德概念已经得到检验。（《普通心理学》）

（42）他慎重考虑，应如何答复他们，因为与日本人打交道很难，他们是只讲利害而不讲交情，稍不合意马上翻脸无情，随时可以杀头。[沈醉《"花花公子"的晚节》(5)]

（43）只许生一个，不许生二胎呀！（梁晓声《冉之父》）

（44）结果是他不做，我也不做，不知谁承认做去了；其次是大家走散，只留下一个拟稿的和一两个干事，等候做好之后去拍发。（鲁迅《朝花夕拾》）

（45）把感情在创作中的作用强调得这样重要，是不是会使诗人们只

写他愿写的，能写的东西，而游离于时代的要求，人民的要求呢？（曾卓《诗人的两翼》）

（46）否则，那些写出来的东西，看来政治性很强，却只是对政治的一种关照，甚至敷衍；好像很有气势，却是空洞无力的。（曾卓《诗人的两翼》）

（47）法国科学家巴斯德说过："机会只偏爱有准备的头脑。"（曾卓《诗人的两翼》）

（48）灵感也只偏爱那些对生活怀有激情并有丰富的生活经历、感情经验和有一定审美情趣的人。（曾卓《诗人的两翼》）

（49）自救之道，只在虽知一切隐秘，却不动声色，帮同欺人，欺那自甘受欺的无聊的人。（鲁迅《花边文学》）

二是指向整个动宾结构。

（50）父亲说我不摔它，我只问你一句，你为什么将我——你的丈夫，和冉——你的女儿，还有客人全都当猴耍？（梁晓声《冉之父》）

（51）李云鹤选择晨更工学团到教联来，主要因为她想搬出田汉家，过独立自主的生活，虽然经济上有些困难，当时晨更工学团只管吃住不发工资，但大家同甘共苦，一伙年轻人聚在一起有说有笑乐观向上，富有革命浪漫主义色彩，很合她的口味。（王素萍《她还没叫江青的时候》连载之九）

（52）她从不在领导面前告别人的状，只强调自己能力不够。（梁晓声《冉之父》）

三是指向宾语修饰语。

（53）我这一参谋的结果是：要买鞋的同事只买了一双鞋，而不打算买鞋的我却一下子买了两双！（方方《女士购物病》）

（54）有几本，只有他的名字，没了他的弟子们的名字。（梁晓声《冉之父》）

四是指向双宾结构的间接宾语。

（55）一点也不介意我们的共和国每个月只发给我一张买五两肉的肉票；不介意我们的共和国规定给我的每月二十八斤半的口粮是不够我吃的。

（梁晓声《一个红卫兵的自白》）

5.1.2.6　只＋述补结构

在前面第三章讨论"只"的移动性时，笔者认为"只"不能位于动补结构前表示限定，只能出现在补语为带"得"述补结构前，并且此时不表示限定而表示强调。从语料库检索到的情况分析，基本支持这个结论，仅发现少量对举格式中的例外。在对举格式中，"只"位于整个述补结构前时，"只"指向整个动补结构部分。

（56）直到他完全没有清醒的思索的能力，只呻吟在这些无情的幻象下。

［茅盾《子夜》转引自陈伟琳（1998）］

（57）阿尔斯泰正因为出身贵族，旧性荡涤不尽，所以只同情于贫民而不主张阶级斗争。（鲁迅《二心集》）

5.1.3　小　结

从上面的考察描写可以看出，"只"的分布和指向具有以下的特点：

一是从分布上来看有两个特点：

A．"只"可以位于句中主语、谓语、状语和定语前，不出现在宾语和补语前[1]。

B．"只"和"不"、"没（有）"、"未"和"无"等否定成分往往构成对举的格式，基本不会形成互相修饰的句子格局。[2]

二是在指向上则有如下的特点：

A．当"只"位于主语前时，"只"指向紧邻其后的主语，或者主语的修饰语。

B．当"只"在复杂的谓语结构前时，"只"可以指向结构中的各种成分，包括谓语动词、宾语、补语、状语、兼语、定语（兼语的修饰语、宾语的修饰语）。

C．当"只"出现在肯否对举的格式中时，"只"指向对举格式提取的部分。

---

[1] 动词短语结构充当宾语和补语时，我们把该宾语或补语看成是关系小句，和单个成分充当的宾语和补语不同。如：

1．喝咖啡时，我喜欢只加方糖（不放伴侣）。

2．那场战斗全班死得只剩小豹子一个人。

其中的"加方糖"、"剩小豹子一个人"都看成是关系小句，而不是简单的宾语和补语。

[2] 汉语中也有"不只X"的结构，但是从用法上来看，"不只"更接近复合词，而不宜看成短语。结构上分析为"不只＋X"，而不是"不＋只X"。

那么，"只"的这些指向有没有规律可循？

李范烈（2009）在对大规模的语料库进行考察的基础上，区分了对举格式和非对举格式，对非对举格式中"只"的语义指向做了详细的描写，归纳出了"只"的语义指向的倾向性规律，从语料的分析来看这个规律是可信的。

（58）"只"的语义指向的倾向性规律：

"只"在非对举格式中，一般倾向于指向下列成分：简单述宾结构中的宾语；述宾结构中宾语的定语；状中结构中的状语；主谓结构中的主语的定语；简单主谓结构中的主语、整个述补结构、整个连谓结构。

在对举格式中，"只"指向对举格式所提取的成分。（李范烈，2009）

"只"的语义指向为什么呈现出这样的倾向性？背后的制约因素是什么？这是需要深入探究的问题。在导论部分，笔者对前人的研究进行综合分析后认为，汉语副词的语义指向问题和焦点密切相关，所以下文将试图从焦点的角度来做些探索。

5.2 "只"的语义指向和焦点关联之间的关系

不少前贤都认为，句子的焦点对句子中某些副词的语义指向有重要影响，但是究竟副词的语义指向和焦点之间是什么关系？这个问题还没有人深入研究过。

徐烈炯（2005）认为汉语中不少副词是焦点敏感算子，它们出现在句中时，会与句中的某个成分关联，这个成分是句子的语义焦点。句子的语义（笔者按：指真值条件）会随着焦点位置的变化而变化，所谓的与某个成分关联，"用汉语语法学界的话说，就是这些词有语义指向"。在徐烈炯那里，副词的语义指向问题就是算子与焦点关联的问题，不过徐烈炯没有给出进一步的分析与证明。

那么算子的焦点关联（即焦点敏感）与其语义指向之间究竟是什么关系？

从副词语义指向的整体来说，副词的语义指向问题和算子与焦点关联问题是性质不同的两个问题。焦点关联的基本内涵是焦点位置的不同会影响句子的真值，也就是说焦点的位置不同，句子的意义就不一样。一个副词是否与焦点关联，判断的依据就是：是否因为副词的原因而导致焦点的位置不同使句子的语义不一样。据此，副词与焦点关联的基本条件就是：

[1]某些含有该副词的句子必须是有歧义的。[1]

[2]含有该副词的句子的歧义必须表现为句子的语义随着句中焦点位置的变化而变化。

从语义指向的角度来考察，副词的语义指向并不必然的具有这两个条件。因为语义指向是句法成分之间的语义联系，副词的语义指向是副词和句中其他成分的语义联系，只要副词进入句法结构就一定会和其他某一成分发生语义指向关系，但却不一定会产生歧义，即使有歧义也不一定与句中焦点的位置相关。所以：

[1]所有的副词都有语义指向。可是对有些副词来说，当它出现在句中时并不会使句子产生歧义。

如：

（59）究竟是谁去了北京？

[2]有些副词的语义指向和句子的焦点并不一致，因此有该副词的歧义句并不表现为句子的语义随句中焦点的位置移动而变化。

比如，"分别"句有时是有歧义的，如下例：

（60）王老师和谢老师分别找熊辉和万波谈了话。（雷良启用例）

该句中，"分别"可以指向"王老师和谢老师"，也可以指向"熊辉和万波"，也可以同时指向"王老师和谢老师"及"熊辉和万波"，表示主体和对象的相互匹配关系。"分别"的指向不同，句子的语义也不一样。但是"分别"究竟指向谁却与焦点无关，无论焦点在句中什么地方，"分别"的指向歧义仍然会存在。

因此，所有的副词都会有语义指向，但不是所有的副词都与焦点关联。副词的语义指向和焦点关联是不同的两个问题。

虽然如此，对作为焦点敏感算子的副词而言，徐烈炯的断言却抓住了这些副词的语义指向和它们对焦点敏感这一特性之间的内在关联。换句话说，对于焦点敏感

---

[1] 郭锐老师指出，这一点的限制过严，对于某些副词来说，如果它在句中只与一个成分发生语义联系，而这个成分是焦点，也应看作与焦点关联。如"究竟"，虽然"究竟"是与焦点关联的，但是由于它关联的焦点是由疑问词表达的，所以随着句中焦点位置的改变，句子的基本命题也相应改变了。这和一般说到的其他焦点敏感算子不同。因此我们就一般的情况来看，仍然坚持用这个条件来判断一个副词是不是焦点关联的。

副词，它们的语义指向问题和焦点敏感问题是同一个问题的两个方面。因为焦点敏感算子在句中是与语义焦点关联的，所谓关联也就是发生语义联系，即作为焦点敏感算子的副词在语义上指向语义焦点。

我们仍以经典的焦点敏感算子 only 和焦点关联的例子，对上文作出说明：

（61）a. John only introduced Bill to Sue.

　　　b. John only introduced BILL to Sue.

　　　c. John only introduced Bill to SUE.

（61）b 和 c 是 a 中的焦点位于不同位置时的情况，大写字母表示焦点。两句的焦点不同，only 与不同的焦点关联，句子的真值条件不一样。假设有一个人物介绍的场合，如果 John 介绍了 Bill 和 Tom 给 Sue，并且没有把她们介绍给别人时，那么，c 是真的，b 是假的；而如果 John 介绍了 Bill 一个人给 Sue 和 Tom，没有介绍其他人给 Sue 时，b 是真的，c 是假的。当句子中没有 only 时，则不会导致焦点位置不同而真值条件不同的情况，例（62）中 b 和 c 在上面假设的情况下同真。

（62）a. John introduced Bill to Sue.

　　　b. John introduced BILL to Sue.

　　　c. John introduced Bill to SUE.

与（61a）相应的汉语的 "只" 字句（63a）也会随句子中焦点的不同而有不同的真值条件，具体的真值条件分析同上，略去。而与（62a）相应的（64a）则不会随句子中焦点的不同而有不同的真值条件：

（63）a. 约翰只介绍了比尔给苏。

　　　b. 约翰只介绍了**比尔**给苏。

　　　c. 约翰只介绍了比尔给**苏**。

（64）a. 约翰介绍了比尔给苏。

　　　b. 约翰介绍了**比尔**给苏。

　　　c. 约翰介绍了比尔给**苏**。

（63）可作如下的语义指向分析：a 句是有歧义的 "只" 字句，该句随着句子中重音位置的不同，语义会发生变化。当重音落在 "比尔" 上时，"只" 指向 "比尔"，句子表示的意义如（65），这正是 b 的真值条件：

（65）约翰只向苏介绍了比尔，没有向苏介绍别人。

当重音落在"苏"上时，"只"指向"苏"，句子表示意义如（66），恰恰是 c 的真值条件：

（66）约翰只向苏介绍了比尔，没有向别人介绍比尔。

在上面的例句中，随着重音位置的不同，"只"指向不同的重音成分，"只"字句的语义发生相应的改变，这就是通常所说的语义指向歧义。而重音正是焦点的表现手段，"只"字句的重音位置就是"只"字句的焦点所在。因此，我们可以说，对于副词"只"而言，"只"的语义指向对象就是句中的焦点成分，即"只"指向焦点。所谓指向焦点也就是"只"对焦点敏感，在句中与焦点关联。

这样，引入焦点的概念后，我们可以重新认识"只"的语义指向问题以及由于"只"的语义指向导致的歧义问题。我们提出两个初步的假设：

[1]"只"是一个焦点敏感算子，它指向句中的焦点成分。

[2]"只"字句的歧义的特点是"只"字句的语义随着句中焦点位置的移动而变化。歧义的原因在于"只"是焦点敏感算子，会与句中的焦点关联。

下面，我们进一步考察"只"字句中的焦点表达和"只"的语义指向情况，深入具体地分析"只"字句中的焦点和"只"的语义指向之间的关系，对此假设作出证明。

5.3　"只"字句中的焦点表达及焦点对"只"的语义指向的制约

5.3.1　"只"字句中的焦点表达

"只"字句中的焦点表达情况，徐烈炯和玄玥有过研究，徐烈炯（2001）在谈到焦点的不同概念在汉语中的表现形式时，认为算子浮动性是汉语表达焦点的一大特点。算子浮动性表达焦点有如下的特点：

[1]算子一般紧靠在焦点成分之前，因此算子的不同位置体现了不同的焦点成分。

比如，下面两句的焦点分别为"老张"和"星期一"：

（67）a. 只**老张**星期一投了弃权票。[1]

　　　b. 老张只**星期一**投了弃权票。

[2]和焦点标记一样，算子不能进入名词词组和动词词组之内，下例中焦点是"弃权票"而不是"投"，但"只"只能在"投"的前面：

（68）老张星期一只投了**弃权票**。

[3]算子如果不紧靠在焦点成分之前就要靠语音手段来协助确定焦点。（69a）如果重读"弃权票"语义和（69b）相同：

（69）a. 老张只星期一投了**弃权票**。

　　　b. 老张星期一只投了**弃权票**。

徐烈炯提出的三个特点说明：在有算子的句子中，算子具有焦点标记的作用，但同时也可以采用其他手段表达焦点。徐烈炯的研究引起我们思考如下的问题：

[1]既然可以利用算子浮动来标记焦点，为什么要求助于重音，付出额外的努力？

[2]当有了重音之后，算子后面紧邻的成分还是不是焦点？如果是，它和重音标记的焦点有什么关系？如果不是，此时算子为什么失去了标记焦点的功能？

对上面的三个特点，Xu（2000）（转引自袁毓林 2003）从层次上给出了一个规则表达，他对 Cinque（1993）基于重音表达的焦点指派规则加以改造，应用到受算子约束的焦点的位置问题上，认为受焦点算子约束的焦点，可以由内嵌最深的成分开始，循环投射，到焦点算子所在之处时停止，从而得到范围大小不一的所有可能的焦点的集合，规则如下：

（70）Location of Operator-bound Focus（受算子约束的焦点的位置）：

Focus-sensitive operator O is semantically associated with a Constituent C on its right, which is adjacent to it or is the most

---

[1] 此处的例（67）（68）（69）例=都引自徐烈炯（2001），不过据原文稍作改动，原文"只"作"只有"或"只（是）"。

deeply embedded constituent or any projection of it.（焦点敏感算子在语义上跟它右侧的邻接成分、或者内嵌最深的成分或其任何投射相关联。）

把该规则应用到"只"字句的分析上，我们看到有时候并不完全符合，下面是一个"只"字句的例子：

（71）约翰　只　在中国的时候　用筷子　吃　面条。

<pre>
    ？ a   [*]
    ？ b   [*]
    ？ c   [*   ]
       d   [*]
</pre>

如例所示，我们很难得到 a、b、c 这三种解释，"只"似乎只能和"在中国的时候"，甚至是和"中国"关联。即使这三种解释都能得到，只是由于语用的原因[1]此处不太合适，这里仍然有一个问题没有解决，这几种解释有没有条件限制，是否无条件同时具有？

玄玥（2004）在徐烈炯文章的基础上进一步考察了焦点标记对副词语义指向的制约问题。该文认为副词的语义指向就是语义焦点。对比焦点的标记，如对比重音和"是"及其相关结构是强势的焦点标记，无论在副词的辖域内还是辖域外都可以制约焦点敏感算子的语义指向，在确定焦点中起到决定作用，但是该制约对"只"和表示情态的算子例外。这种制约表现在以下几方面：

[1] 在算子的辖域之内，算子的具体语义指向随重音的变化而不同。焦点标记在确定焦点时起主要作用，（72）和（73）在语义上相同：

（72）a. 通常老张`**星期天**打扫房间。[2]

　　　b. 通常老张星期天打扫`**房间**。

---

[1]　本例是笔者为了说明这种投射规则有一定的使用限制而自造的句子。对徐烈炯的这个规则，袁毓林（2003）和玄玥（2004）也举例证明过。为什么对有的例子适用，对有的例子不适用，目前还没有完全清楚其中的原因。不过，既然有例能证明该观点，那么从句法上，这个说法就是成立的，所以在这里笔者把该规则对这个例子不适用的原因归结为语用的因素。具体究竟是什么因素，还待研究。

[2]　此处用"`"表示句中的主重音，用加粗表示算子"通常"的指向成分。下文中主重音和"只"的指向不一致时均用此法标记。

（73）a. 老张通常**星期天**打扫房间。

　　　b. 老张星期天通常打扫**房间**。

[2]在算子的辖域外，一定的语境下，重音标记的对比焦点会决定副词的语义指向和整句的语义真值。下面的三句话表达一样的语义真值：

（74）a. 总（是）**老张**星期一开校车。

　　　b. 是`**老张**总星期一开校车。

　　　c. 是`**老张**星期一总开校车。

[3]对比焦点很难在表示情态的焦点敏感算子和"只"的辖域外对副词的语义指向进行制约。（75b）（75c）和（75a）的语义真值并不相同：

（75）a. 只有**老张**星期一投了弃权票。

　　　b. 是`**老张**只星期一投了弃权票。

　　　c. 是`**老张**星期一只投了弃权票。

下面的（76b）和（76c）自然性很差：

（76）a. 必须**主席**会上表示同意。

　　　b. ??（是）`**主席**必须会上表示同意。

　　　c. ?（是）`**主席**会上必须表示同意。

对以上的现象，玄玥提出焦点层次性假设并作了解释，她认为，对比焦点是一种真正语用意义上的焦点，与说话者的主观意图有关，在 CP 层；而语义焦点是一种与焦点敏感算子关联的成分，具有词汇意义，在 VP 层。位于 CP 层的对比焦点可以对 VP 层的语义焦点也就是副词的语义指向有一定制约作用。

玄玥还认为，由于"只"的语义具有穷尽性和排他性，它所指的成分有很强的对比性，类似于对比焦点，因此"焦点标记不能使它的语义指向发生改变，只能增加句子所强调的焦点，形成所谓多重焦点"。"情态"是表达主观意愿的成分，也是在 CP 层内，所以表示情态的焦点敏感算子不受对比焦点的制约。

玄玥的论述有以下几个问题[1]：

---

[1]　在初稿中，问题[1]笔者虽然已经注意到，但是没有予以重视，后来在郭锐老师的启发下才作为问题提出来，特此致谢！

[1]有些材料的分析存在不足之处，而且正是这些不足影响了作者的判断，使该文的观点出现了我们将在下面所说的一些问题。如在对（74）的分析中，玄文认为三句话表达一样的真值，但是实际上，三者的真值并不相同：（74a）中"老张"有排他性，即不是别人"开校车"；（74b）中"老张"有排他性，"星期一"也有排他性；（75c）中"老张"有排他性，"开校车"也有排他性。焦点对"总"的语义指向的制约其实与对"只"的制约情况一样。

[2]文章中的焦点概念所指不明确。该文明确指出是要考察对比焦点和语义焦点的联系，语义焦点在本书中被定义为副词的语义指向。其基本观点是：对比焦点无论在副词的辖域内还是辖域外都可以制约焦点敏感算子的语义指向，在确定焦点中起到决定作用。这里"确定焦点"中的焦点是对比焦点还是语义焦点？按照文章分析应该是语义焦点。如果这样会导致下文[3]中所说的矛盾。如果是对比焦点，就完全没有论述的必要，因为文中的焦点标记就是对比焦点的标记，当然确定的是对比焦点。

[3]根据文章的分析，全句的对比焦点就是副词的语义指向所在，如果是这样，对比焦点和语义焦点所指相同。这样文章提出的焦点层次假说就是根本站不住脚的，因为层次性假说的基本思想是焦点有不同的类型，不同的类型处于不同的层次，层次较高的制约层次较低的，现在对比焦点和语义焦点所指相同的话，如何处于不同的层次，又如何产生制约作用呢？

[4]"只"和表情态的算子是不受制约的例外，对比焦点和语义焦点不同指，恰好可以证明焦点的层次性，但是层次性假说却是用来解释制约作用的，而不是解释不受制约的原因的。

[5]表情态的算子所关联的语义焦点在哪个层次？作者语焉不详，只说"'情态'主要表达主观意愿的成分，也是在CP层"，究竟是算子在CP层，还是它关联的语义焦点在CP层呢？如果是算子在CP层，它如何与处在VP层的语义焦点发生联系？如果是语义焦点在CP层，那么那个假设就是一个解释力较弱的特设。

[6]根据焦点层次性假设，我们可以说CP层的对比焦点制约副词的语义指向，使副词的语义指向不再指向VP层的焦点，而是指向CP层的焦点。其实，这正是作者要表达的意思。问题是，如果算子不指向"VP层的焦点"而指向了"CP层的焦点"的话，"VP层的焦点"作为语义焦点的身份就没

有存在的基础了，"CP层的焦点"取代它获得了语义焦点的身份与算子关联起来了。焦点的层次性也随之消失。这也导致了文章的矛盾。

[7]算子是否能指向其辖域之外的对比焦点？这个问题也值得再探讨，如果把副词看作算子的话，算子应该有两个要求：①算子必须约束变量，而不能是空约束；②算子约束的对象一定在其辖域之内。对焦点敏感算子而言，它约束的变量就是它关联的焦点。如果算子指向其辖域外的对比焦点的话就会违反这两个要求，在辖域内是空约束，而同时约束的对象在辖域之外。如上文[1]指出的那样，玄玥对算子指向辖域之外的对比焦点的语言事实的分析还有待商榷。

[8]玄玥认为当焦点标记在算子的辖域外时，算子"只"具有穷尽性和排他性，因此它所指向的对象有很强的对比性，类似于对比焦点，故而"焦点标记不能使它的语义指向发生改变，只能增加句子所强调的焦点，形成所谓多重焦点"。这个解释无法说明为什么焦点标记在算子"只"的辖域内时能制约"只"的指向。显然的，"只"的排他性不会因为焦点标记处于其辖域内而消失。

尽管在观点和材料的分析上有问题，玄玥对语言事实的观察还是敏锐的，语言事实的确说明："只"字句中"只"的语义指向受到焦点的制约。

那么焦点对"只"的语义指向的制约作用呈现怎样的面貌？究竟如何解释这些语言现象？

综合分析，玄玥的根本问题就是语义焦点和对比焦点既同指又不同指的矛盾。按照焦点层次假说，语义焦点和对比焦点处于不同层次，处于不同层次的焦点自然不能同指，而按照对比焦点对语义焦点的制约，对比焦点和语义焦点又是同指的。

本书认为产生这个矛盾的原因与作者对焦点的性质以及算子的辖域两个问题的认识有很大的关系。

首先，对于焦点的性质问题，作者坚持语义焦点和对比焦点的区分，语义焦点和算子相联系，对比焦点是重音或"是"标记的焦点，但是对比焦点在确定句子的焦点中起决定作用，成为副词的语义指向所在，这就产生了两种焦点既同指又不同指的矛盾。

其次，玄玥采用徐烈炯关于算子的辖域的观点[1]，认为算子的辖域是句子表层结构中算子后面的所有部分。所以当算子和它前面的焦点关联的时候，就会出现算子在辖域内是空约束和算子的约束对象不在辖域内的情况。

然而，运用第一章提出的对焦点性质和算子辖域的观点对之进行分析，以上的问题可以迎刃而解。

关于焦点的性质，参见第一章的分析，此处不再赘述，为了下文分析的需要，简单复述如下：焦点在性质上只有一种，各种不同的焦点只有强度的不同，没有本质的差别；强弱不同的焦点可以在句中共现成为句中的主次焦点；回答当前问题的焦点是句中的主要焦点，次要焦点一般是在交谈中传递下来的焦点，这样的句子，其焦点结构是一个多重的层级结构或循环结构。

关于焦点敏感算子的辖域，本书的观点是焦点敏感算子所关联的焦点成分都应该处于它的辖域中，所有该算子所能指向的成分就构成了该算子的辖域。焦点敏感算子的辖域依算子的不同而不同。

依据这样的关于焦点和算子辖域的观念，再来看焦点对副词的语义指向的制约问题，我们提出如下的制约规律：焦点敏感算子指向其辖域内强度最强的焦点。

玄玥所观察到的语言事实可以解释为：当句子的主焦点在算子的辖域内时，算子指向主焦点；而当句子的主焦点在算子的辖域之外时，算子就指向其辖域内强度最强的焦点，此时该焦点是句子的次焦点。

以此为基础来分析，玄玥文章中存在的种种问题也就可迎刃而解了。简要说明如下：

首先，因为焦点在性质上只有一种，所以不会出现玄玥所说的"当焦点标记处在算子的辖域内时"对比焦点和语义焦点既同指又分处于不同层次的矛盾，上文分析的问题[2][3]和[6]就不复存在，而且关于表"情态"的算子处于哪个层次的问题[5]也随之消失。其次，因为句子的焦点结构可以是多层级的结构，处于不同层级的焦点有强度上的强弱之差，主次不同，所以"当焦点标记处在算子的辖域之外"时，算子所指对象"不受对比焦点制约"的现象可以用焦点的层级结构[2]来分析，既保持了"算子指向辖域内焦点"结论的一致性，又解决了玄玥文中对算子"只"的分析

---

[1] 详细的内容见第二章2.4节。

[2] 焦点层级结构不同于玄玥的焦点层级假设，指句子中焦点的主次强弱层级。

的矛盾问题 [4] 和 [8]。并且"当焦点标记处在算子的辖域之外"时，玄玥认为只有"只"和表情态的算子所指对象"不受对比焦点制约"，本书认为此时所有的算子所指对象都"不受对比焦点制约"，因而不会出现问题 [7] 中的空约束，从而达到了理论内部的一致性。

下面首先具体分析"只"的辖域，然后逐一检视语序、重音和"是"标记这三种焦点表达手段对"只"的语义指向的制约，同时分析各种手段共现时焦点的表达情况及其中"只"的语义指向，对前面的内容做更深入分析。

"只"的辖域究竟如何界定？目前有两种重要的观点：一是上文介绍的以徐烈炯为代表的观点，认为"只"的辖域是句子表层结构中"只"后面的所有部分；另一个是董秀芳（2003）提出的，她认为"只"的句法指向范围是线性顺序上紧接其后的一个任意类别的短语，该短语是仅包含一个中心词和补足语的基本短语，而不包括套合其他短语的短语。徐烈炯先生的观点以例（77）说明，在例（77）中，"只"的辖域都是其后的所有部分。a 中是全句，b 和 c 都是句子的整个谓语部分。

（77）a. 只约翰会用筷子吃面条。

b. 老李只星期一投弃权票。

c. 约翰只介绍比尔给苏。

而依据董秀芳（2003）的观点，在例（78）中，"只"的指向范围分别为 NP"他"、PP"把这本书"、VP"吃中国菜"：

（78）a. 只他认识张三。

b. 我只把这本书看完了。

c. 他只吃中国菜。

董秀芳（2003）所述的"指向范围"是指算子"在句法上的一定的作用范围"，也就是我们所说的辖域。

对比这两种观点，我们看到对于（77）和（78）的 a 和 b 来说，两种分析的结论是不一样的；而对 c 而言，两种分析则相同。可见徐烈炯和董秀芳的观点都有偏颇，究竟如何看待"只"的辖域呢？

我们认为焦点敏感算子所关联的焦点成分都应该处于它的辖域中，所有该算子所能指向的成分就构成了该算子的辖域。

根据前面对"只"的分布与指向的描写，"只"在主语前指向主语部分，在主语后谓语前可以指向其后的重音所在成分，这些成分包括状语、谓语动词、宾语、宾语修饰语、兼语、补语等。"只"的辖域可以定义如下：

（79）"只"的辖域：

如果"只"受节点 X 直接支配，那么 X 和所有受 X 支配的处于"只"右侧的节点在其辖域中。

根据这个定义，例（77a）和（78a）中，"只"的辖域分别是"约翰"和"他"，而在（77）和（78）的 b 和 c 例中都包括"只"后的所有成分。

用后续否定的办法可以测试"只"的指向范围即辖域。后续否定测试的依据是"只"的语义的穷尽性和排他性："只"在句子中和其辖域中的焦点关联，指向该焦点成分，表示从焦点成分所在的选项集中选取焦点而排除其他成员。假设"只"限定成分 x，"只 x"的意思就是"有 x 并且没有 x 之外的 y 是符合条件的候选项，并且 x 和 y 都是选项集合中的成员"。因为肯否对举格式中肯定的对象和否定的对象共同构成了焦点 x 激发的选项集合的全集，所以肯否对举是"只"的限定和排除最明确的表达方式，可以提取"只"的语义指向成分，也就是其关联的焦点成分。如果我们在一个"只"字句后续接一个相应的否定句而不会导致句子不合法，我们就可以认为由后续否定构成的对举格式提取的成分在"只"的辖域中。采用后续否定句提取的所有的焦点成分构成的并集就是"只"的辖域。如果后续相应的否定句，导致整个句子不合法，就说明对举格式提取的成分不能是"只"的限定对象，"只"不能与之关联，该成分就不在"只"的辖域中。

对（77）和（78）用后续否定测试如下：

（77'）a. 只约翰会用筷子吃面条。

——，没有其他人会用筷子吃面条。[1]

*——，不是/没有约翰会用其他的东西吃饭。

*——，不是/没有约翰会用筷子吃其他的东西。

b. 老李只星期一投弃权票。

---

[1] "——，没有其他人会用筷子吃面条。"表示"没有其他人会用筷子吃面条"后接在上面一句，下同。

　　*——, 其他的人没有星期一投弃权票。

　　——, 老李没在其他的时间投弃权票。

　　——, 老李不在星期一投别的票。

　c. 约翰只介绍比尔给苏。

　　*——, 其他人没有介绍比尔给苏。

　　——, 约翰没有介绍其他人给苏。

　　——, 约翰没有介绍比尔给其他人。

（78'）a. 只他认识张三。

　　——, 没有其他人认识张三。

　　*——, 不是/没有他与张三有别的关系。

　　*——, 不是/没有他认识其他人。

　b. 我只把这本书看完了。

　　*——, 其他人没把这本书看完。

　　——, 我没把其他书看完。

　　——, 我没把这本书作其他处置。

　c. 他只吃中国菜。

　　*——, 其他人不吃中国菜。

　　——, 他不吃其他东西。

　　——, 他没有别的举动。

　　这种测试说明"只"的辖域是直接支配"只"的节点所支配的、处于"只"右侧的所有成分。

5.3.2　语序、重音和"是"标记对"只"的语义指向的制约

　　这一部分分析语序、重音和"是"标记这三种焦点表达手段对"只"的语义指向的制约，同时分析各种手段共现时焦点的表达情况，对前面的内容做出个案分析。

5.3.2.1　语序对"只"的语义指向的制约

　　笔者从两个方面分析语序对"只"的语义指向的制约，一个方面是"只"在句中的位置浮动对其语义指向的制约，另一个方面是"只"后成分的语序变化对其语义指向的影响。

首先分析"只"在句中的位置浮动对其语义指向的制约。

徐烈炯（2005：26）认为，"算子浮动性是汉语表达焦点的一大特点"。"只"在句中的位置变化是算子的浮动性的典型表现。"只"字句中"只"的语义指向与"只"的位置关系密切。

如前面多次说到，"只"在句中的位置首先必须区分主语/话题前和主语/话题后，在这两个不同的位置上，"只"的语义指向有重要区别。"只"在句首主语前，"只"的辖域仅为主语/话题部分，语义指向主语。在主谓谓语句中，如果"只"位于整个主谓结构充当的谓语之前，"只"的作用范围也仍然局限在该主谓结构的"主语"部分，不能指向整个主谓谓语。下例中，"只"指向"我"，不能指向"在图书馆"和"借过"：

（80）这本书只我在图书馆借过。

"只"在非主谓谓语句的主语后可以指向"只"后的多个成分。位于状语成分前时，在没有特殊的语调的情况下，优先指向紧邻其后介词的宾语，下面（81a）中"只"指向"只"后的成分，但优先指向"家"；（81b）中"只"指向"只"后的成分，优先指向"手机"。

（81）a. 小李只在家用手机联系同学。

  b. 小李在家只用手机联系同学。

位于动词前时，可以指向整个动宾短语或者谓语动词或者宾语，在没有特殊的语调的情况下，优先指向宾语。下面的句子中，"只"指向"只"后的成分，优先指向"同学"。

（82）小李在家用手机只联系同学。

可见，"只"在句中的位置变化有两个作用：

[1]"只"有焦点标记的作用。在以往的文献中，往往会说，"只"标记紧邻其后的成分为焦点，但是在动宾结构中优先标记宾语为焦点，"小李在家用手机只联系同学"中"同学"为焦点而非"联系"为焦点。如果我们注意到"只"在介宾结构前，也不指向介词而是指向介词宾语的话，"只"对的焦点标记作用就应该是：在无标记的情况下，"只"标记紧邻其后的

XP 中的 NP 为焦点并指向该 NP。

[2] 改变"只"的辖域，使有些成分成为"只"关联的候选项。下例中，"在家"在（83a）中处于"只"的辖域中，并且是"只"优先指向的对象，而在（83b）中则处于"只"的辖域外，不能成为"只"的指向对象。

（83）a. 小李只在家用手机联系同学。

　　　b. 小李在家只用手机联系同学。

接下来，我们分析"只"后成分的语序变化对其语义指向的影响。

刘丹青、徐烈炯（1998）、方梅（1995）、罗仁地 & 潘露莉（2005）等认为汉语语序灵活，在句法允许的情况下，尽量把信息焦点置于句末。在宾语和趋向成分的语序选择上、宾语和动量成分语序的选择上，采用哪种语序往往和信息的新旧有关。下面的例子都是有关文献中用来说明信息焦点后置的例子：

（84）a. 他三十年来一直住在芜湖。（刘丹青、徐烈炯用例）

　　　b. 他在芜湖一直住了三十年。

（85）a. 客人来了。

　　　b. 来客人了。

（86）a. 拿出来一本书。

　　　b. 拿一本书出来。

（87）a. 这星期我去了三趟天津。（方梅用例）

　　　b. 这星期我去了天津三趟。

（88）a. 他见过三次总经理。

　　　b. 他见过总经理三次。

我们的问题是，当这些可以变换语序的成分出现在"只"的辖域内时，句末成分是否一定会获得焦点的身份，"只"作为焦点敏感算子是否一定会优先与句末成分相关联，即是否会优先指向这些句末成分？

我们先看"只"的插入情况[1]：

（84'）a. 他（*）三十年来（*）一直（+）住在芜湖。

---

[1]　此处括号表示插入位置，（*）表示插入后句子不合法，（+）表示插入后句子可以成立。

　　　　b. 他（＋）在芜湖（＊）一直（＊）住了三十年。

（85'）a.（＋）来（＊）客人了。

　　　　b.（＋）客人（？）来了。[1]

（86'）a.（＋）拿出来（＊）一本书。

　　　　b.（＋）拿（＊）一本书出来。

（87'）a. 这星期我（＋）去了三趟（＊）天津。

　　　　b. 这星期我（＋）去了天津（？）三趟。

（88'）a. 他（＋）见过（＊）三次（＊）总经理。

　　　　b. 他（＋）见过（＊）总经理（？）三次。

从上面"只"插入的情况来看，除了（84'）中"只"出现的位置有大的差别外，其他几组例句中，"只"都出现在相同的位置——包含变换语序的两个成分之前，由于（84）例的语序变换本身就有一些强制性的条件，主要动词"住"后强制性加上"了"并删除"在"，并且还有特殊的副词"一直"，所以此处不做进一步的考察；（87'）和（88'）是同一类型的句子，考察时只取一组。下面以其他的几组变换自由的句子为例，考察"只"的语义指向。

　　我们仍然采用问答法测试，看最自然的提问是针对哪个成分来确定焦点。这种焦点是指无标记焦点，也就是"只"优先指向的对象：

（89）A: 来了哪些人？

　　　B: 只来了客人。

　　　A: 什么人来了？

　　　B: 只客人来了。

（90）A: 有什么事？

　　　B: a. ＊只来客人了。

　　　　　b. ＊只客人来了。

（89）中，"只"后的成分无论用什么语序，焦点都是"客人"。（90）中，焦点句"来

---

[1]　此处与下文的（87'）和（41'）一样，b 中"只"的位置较 a 中的灵活，可能是"来了"和"三次"具有陈述功能，而"只"在句法上要出现在谓词性成分前，这将在下一章论述。虽然有时候名词也有陈述功能，但是名词的陈述功能是有严格的条件限制的，只有极少数的情况下才能体现出来。

了客人"处于"只"的后面时，不再是焦点句。"只"字句不能作为焦点句[1]报道一个事件，这很容易理解，"只"的本身就具有触发前提的作用，"只"要能触发前提，语境中必须具备该前提条件，而焦点句是在没有前提的情况下使用的，用来报道听话人完全未知[2]的新信息的。

（91）A：他拿出什么来了？

B：a. 他只拿出来一本书。

b. 他只拿了一本书出来。

（92）A：他干什么了？

B：a. 他只拿出来了一本书。

b. 他只拿了一本书出来。

对比观察，在"只"字句中，"动宾趋"或"动趋宾"两个格式对焦点的选择并没有什么偏好。两种格式中，"一本书"、"拿出来一本书"都是很自然的焦点成分。"拿出来"不容易被看成焦点。

（93）A：这星期你去过几趟天津？

B：a. 这星期我只去过三趟天津。

b.？这星期我只去过天津三趟。

（94）A：这星期你去过天津几趟？

B：a.？这星期我只去过三趟天津。

b. 这星期我只去过天津三趟。

（95）A：？这星期你去过哪儿三趟？

B：a.？这星期我只去过三趟天津。

b. 这星期我只去过天津三趟。

（96）A：？这星期你去过三趟哪儿？

B：a.？这星期我只去过三趟天津。

b.＊这星期我只去过天津三趟。

（97）A：这星期你干了什么？

---

[1] 即罗仁地说的事件存现句，见罗仁地＆潘露莉（2005）。

[2] 指在说话人的判断中听话人完全未知。

  B：a. 这星期我只去过三趟天津。

    b.？这星期我只去过天津三趟。

从问句的自然性看，无论是采用"宾数量"还是"数量宾"的语序，数量成分总是优先成为焦点，与"只"关联。而当"只"后整个结构充当焦点时，"只"后成分倾向于采用"动数量宾"的语序。

  从上面问答对的情况来分析，"只"字句中，"只"后成分的语序变化不大影响"只"的语义指向，无论采取什么语序，"只"优先指向"数量成分"，其次"名词性成分"，其次"动词性成分"。

5.3.2.2 重音对"只"的语义指向的制约

  重音分为常规重音和对比重音，常规重音标记常规焦点，对比重音标记对比焦点，"只"字句中，不同的重音标记的焦点与"只"的指向之间是什么关系呢？

  首先，我们分析常规重音与"只"的语义指向的关系。

  常规焦点居于句末的位置。"只"字句中，常规重音不能影响"只"的指向，这个问题在前面分析语序和"只"的指向时已经讨论到。在无标记的情况下，"只"具有焦点标记的作用，"只"标记紧邻其后的 XP 中的 NP 为焦点并指向该 NP。也就是说，在"只"字句中，"只"后 XP 中当 NP 获得主重音时，原来的常规重音则降到了次重音的位置，[1] 如：

  （98）a. 这几天他只吃快餐。

    b. 他只用电脑写作。

    c. 他只周二晚上上日语。

上面的三个例子，在正常的语调下，焦点分别为"快餐"、"电脑"、"周二晚上"，它们也是"只"的语义指向对象。而其他成分如果要成为句子的主要焦点，成为"只"的指向对象，必须改变句子的重音模式。

  再看对比重音对"只"的语义指向的制约。

  对比重音的特点是：重音出现的位置较少受句法的制约，基本上可以自由落在

---

  [1] 当"只"位于述宾结构前时，句末宾语是常规重音所在，也是"只"的指向对象，此时常规重音为句子主重音。

说话人想要强调的成分上。[1] 在 "只" 字句中，重音的位置与 "只" 的语义指向有很密切的关系，徐烈炯（2001）、玄玥（2004）都已经做了分析，基本的规律是：在 "只" 字句的辖域之外，强调重音标记不会影响 "只" 的语义指向；而在 "只" 字句的辖域之内，强调重音所在的位置是 "只" 的语义指向所在。如：

（99）a. ﹅**老李**只星期一投弃权票。

　　　b. 老李只 ﹅**星期一**投弃权票。

　　　c. 老李只星期一投 ﹅**弃权票**。[2]

上面的三例中，a 中 "老李" 不能成为 "只" 的指向目标；b 中 "星期一" 是 "只" 的指向目标；c 中 "弃权票" 是 "只" 的指向目标。

对于 a 例来说，在其辖域之内有 "星期一"、"投"、"弃权票" 三个成分，这三个成分都可以是 "只" 指向目标。我们只说明例（99a）中主重音 "老李" 不是 "只" 的指向对象，那么到底哪一个成分是 "只" 的指向目标？该句是否有歧义？

我们认为该句不会有歧义，"只" 就是指向 "星期一" 而不是指向 "弃权票" 或其他成分，因为根据上面的分析，在正常语调下，"只" 指向后面最接近它的 "星期一"，而 "弃权票" 或其他成分要成为 "只" 约束的焦点，即 "只" 的指向目标必须获取对比重音，现在对比重音已经为 "老李" 获得，那么根据 "单一强势焦点" 原则，其他成分不能负载对比重音，所以在 "只" 的辖域内，只有 "星期一" 在重音上比其他成分突出，成为 "只" 的指向对象。

5.3.2.3　 "是" 标记对 "只" 的语义指向的制约

"是" 标记认定焦点[3]，"是" 作为认定焦点的标记，具有如下的特征：不带对比重音；其后的成分总是在语音上凸显的成分；不是句子线性结构中的基本要素，

---

[1] 也有比较特殊的情况，有些虚词本身负载主要信息，但是不能负载重音，如下例中的 "得" 和 "不"：

（1）A：这个你拿得动拿不动？

　　　B：拿得动。

[2] 郭锐老师指出，该例中 "只" 只能指向 "星期一"，笔者也感到 "只" 难以指向 "弃权票"，至少不是很恰当的表达，此处是引用作者的原文例句，目的是尽量客观地反映作者的原意。而且笔者对这一类的句子用后续否定法向周围同学做过测试，在肯否对举的格式中，"只" 还是能和句末的动词宾语关联。为什么会有理解的困难，具体的原因还有待更深入的研究。

[3] 通常认为 "是" 标记对比焦点，本书根据重音标记的强弱，把 "是" 标记的焦点称为 "认定焦点"，参见第三章的分析。

省略后句子依然可以成立（方梅，1996，2001：77）。下面是方梅的例子：

（100）a. 是**我们**明天在录音棚用新设备给那片子录主题歌（用于回答

哪些人）。

b. 我们是**明天**在录音棚用新设备给那片子录主题歌（用于回答哪天）。

c. 我们明天是在**录音棚**用新设备给那片子录主题歌（用于回答在哪个地方）。

d. 我们明天在录音棚是用**新设备**给那片子录主题歌（用于回答用哪种工具）。

e. 我们明天在录音棚用新设备是给**那片子**录主题歌（用于回答给哪个片子）。

f. *我们明天在录音棚用新设备给那片子录是**主题歌**。

　　"只"字句中"是"标记的情况，与重音标记一样，在"只"字句的辖域之外，"是"
标记不会影响"只"的语义指向。下面的句子，只要"是"出现在"只"的左侧，"只"
都指向其后 XP 中的 NP，"是"成分获得主要重音，"只"后成分获得次要重音：

（101）a. 是`我们只**明天**在录音棚用新设备给那片子录主题歌。

b. 我们是`明天只在**录音棚**用新设备给那片子录主题歌。

c. 我们明天是在`录音棚只用**新设备**给那片子录主题歌。

d. 我们明天在录音棚是用`新设备只给`**那片子**录主题歌。

在"只"的辖域内，"是"失去了焦点标记的作用，而仅表示判断，"只"指向其
后 XP 中的 NP。这可以有两个证明：一是提问法，一是 Kiss 的测试。第二章曾经说
明问答测试是确定句子强式焦点的常用方法，用提问的方法能确定句子的焦点，（102）
中的句子，能提问的成分都是"只"后紧邻的成分，如果"只"的位置不同，能提
问的成分就很不同，但也是"只"后紧邻的成分。如：

（102）a. 我们只明天是在录音棚用新设备给那片子录主题歌。

b. 我们只明天在录音棚是用新设备给那片子录主题歌。

c. 我们只明天在录音棚用新设备是给那片子录主题歌。

它们分别只能做如下的提问：

（103）a. 你们什么时候是在录音棚用新设备给那片子录主题歌？

b. 你们什么时候在录音棚是用新设备给那片子录主题歌？

c. 你们什么时候在录音棚用新设备是给那片子录主题歌？

而下面的提问方式则不能接受：

（104）a. *你们只明天是在哪儿用新设备给那片子录主题歌？

b. *你们只明天在录音棚是用什么给那片子录主题歌？

c. *你们只明天在录音棚用新设备是给哪部片子录主题歌？

提问的方式也许只是说明了句子的主焦点为 "只" 后的 NP，不能完全说明 "是" 所标记的不是焦点，它也许是句子的次焦点。这一点可以进一步用 Kiss（1998）提出的测试方法来证明，Kiss（1998）认为许多语言中对比焦点具有穷尽性（exhaustiveness）和排他性（exclusiceness）特点，并且基于句子之间的蕴涵关系提出了并列结构测试和否定测试。徐烈炯（2001）认为汉语中 "是" 标记的焦点也能通过这两个测试，就是说 "是" 标记的焦点具有排他性和穷尽性，对比观察 "是" 标记在 "只" 字句中的情况，是否能通过这样的测试呢？

先看并列结构测试，下面的例子显示，没有 "只" 的（106a）不能蕴涵（106b）；有 "只" 的（107a）蕴涵（107b），其蕴涵情况和没有 "只" 和 "是" 的（105）相同。说明 "是" 在 "只" 后时通不过并列结构测试：

（105）a. 我们明天在录音棚和制片室用新设备给那片子录主题歌。

b. 我们明天在录音棚用新设备给那片子录主题歌。

（106）a. 我们明天是在录音棚和制片室用新设备给那片子录主题歌。

b. 我们明天是在录音棚用新设备给那片子录主题歌。

（107）a. 我们只明天是在录音棚和制片室用新设备给那片子录主题歌。

b. 我们只明天是在录音棚用新设备给那片子录主题歌。

再看否定结构测试，（108a）中的焦点能被否定，（109a）中的 "录音棚" 不能被否定，说明 "是" 在 "只" 后时也通不过否定结构测试：

（108）a. 我们明天是在**录音棚**用新设备给那片子录主题歌。

b. 不，我们明天也在**制片室**用新设备给那片子录主题歌。

（109）a. 我们只明天是在**录音棚**用新设备给那片子录主题歌。

b. ? *不，我们只明天也在**制片室**用新设备给那片子录主题歌。

可见，当 "是" 位于 "只" 的辖域中时，"是" 后的成分不能通过这两个测试。既然 "是"

作为焦点标记时，它后面的被标记成分能通过否定测试和并列测试，那么不能够通过这个测试就说明"是"已经不再是焦点标记了。

虽然"只"和"是"在句中单独出现的时候位置灵活，并且"只"和"是"可以互为先后，但是有了"是"后，"只"在句子中出现的位置却受到限制，其中的原因还不清楚。也许和"是"的作用相关，假设"是"的作用是区分话题和述题，下面（110）中的例句不成立可能都是由于话题本身不成立的原因。同时"只"的焦点关联作用也受到该"话题—述题结构"的限制，不能跨越"是"这个界限，只能与紧邻其后的 XP 中的 NP 相关联。

（110）a. ? 我们明天只在录音棚用新设备是给那片子录主题歌。

　　　　b. ? 我们明天在录音棚只用新设备是给那片子录主题歌。

　　　　c. ? 我们明天在录音棚只用新设备给那片子是录主题歌。

　　　　d. ? 我们明天在录音棚用新设备只给那片子是录主题歌。

综上所述，在"只"字句中，"是"标记与"只"的指向关系的基本规律是："是"标记的焦点在"只"的辖域之外不能成为"只"的指向目标，在"只"的辖域之内，"是"没有焦点标记的作用。总之，当"是"标记与"只"共现于一句中时，"只"与紧邻其后的 XP 中的 NP 相关联。

根据第一章对汉语焦点和焦点结构的分析，当重音或"是"标记在"只"的辖域之外时，句子形成多焦点结构。在"是老王星期一只投弃权票"结构中，"是"标记的焦点是对比性的话题，而"投弃权票"是全句的焦点，它与算子"只"相关联，"只"指向"弃权票"。

而在"只"的辖域之内，"只"和"是"都是强势焦点的标记。按照前面的分析，一句之中只能有一个强势焦点。"只"的排他性和穷尽性是词汇自身的特征，不可消除，而"是"本身是判断动词，焦点标记是其附属功能，当句子中有另外的焦点标记时，"是"的附属功能便不再表现出来，而主要起判断的作用。

5.3.2.4　小　　结

根据上面的分析，"只"字句中的焦点对"只"的语义指向的制约规律可总结如下：

总则：

"只"指向其辖域内强度最强的焦点成分。"只"字句中"只"的语义指向可以根据句子中焦点表达的强度级差得以确定。

具体地说就是：

　　[1] 在无标记的情况下，"只"字句的主焦点是紧邻"只"后的 XP 中的 NP 成分，这也是"只"的语义指向所在。

　　[2] 在有重音标记的情况下，重音标记的成分是句子的主焦点，当该成分位于"只"的辖域内时，"只"指向该成分；当该成分位于"只"的辖域外时，紧邻"只"后的 XP 中的 NP 成分是"只"的指向所在；当该成分位于"只"的辖域内内嵌最深的位置时，该位置上的成分及其任何投射都可以是主焦点，并且都可以成为"只"的指向成分，其中重音所在的成分优先获得焦点身份，成为"只"的关联对象，其他投射作为焦点时，需要一定的语境条件。

　　[3] 在"只"的辖域外，"是"标记的成分是句子的主焦点，但不是"只"的关联对象；在"只"的辖域内，"是"不具有焦点标记功能，但是话题和述题的分界线。无论"是"在什么位置，"只"指向紧邻其后的 XP 中的 NP。

据此，"只"字句中各语法成分与"只"关联的优先序列，即"只"的语义指向优先序列如下：

（111）"只"的语义指向优先序列：

辖域内的对比重音所在成分 ＞ "只"后 XP 中的 NP（主语、状语[1]宾语）＞辖域中内嵌最深成分的其他投射（动宾短语 ＞ 状中短语）

根据这个语义指向的优先序列，我们可以得到确定"只"的语义指向的流程，如图 1：

---

[1]　此处状语不是确切的说法，准确的说法是充当状语的介宾短语中的介词宾语。

（112）图1:

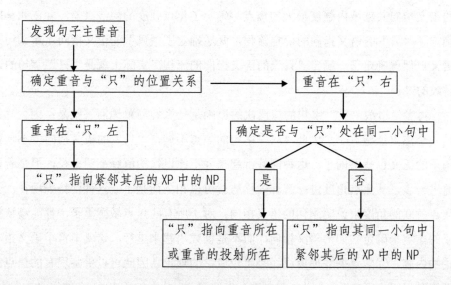

书面语中确定"只"的语义指向的程序，如图2:

（113）图2:

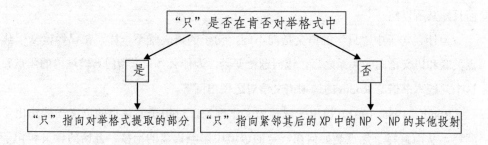

5.4 选项语义学对"只"的语义歧指的解释

本书导论部分提出，"只"的歧义问题是"只"的研究中受到较多关注的问题，但是研究得还不充分，没有解释造成"只"字句歧义的深层的原因，也没有做到有效排歧，之所以如此，是因为我们没有找到制约"只"的语义指向规律性的东西。

在引进焦点关联理论，发现了焦点对"只"的语义指向的制约规律之后，这两个问题的答案已经呼之欲出了。

首先，如何排歧？这个问题其实在前面部分已经回答了。本书上一节证明了"只"的语义指向其辖域内强度最大的焦点，确定了焦点强度的层级级差，并在此基础上确定了"只"的语义指向的确定流程，既然确定了"只"的语义指向，那么句子的语义自然就确定了。确定"只"的语义指向的流程，实际上就是"只"字句的语义排歧的过程。

再者，造成"只"字句的深层次的原因是什么？简单地回答就是：因为"只"是一个焦点敏感算子，因此"只"字句的焦点不同，"只"的语义指向就不一样，句子的语义也就不同了。这种回答听起来并不比以往的解释高明多少，但是若再往前进一步，从焦点角度进行解释的优势就可以相当清楚了。这种优势表现在：①从焦点关联的角度来说明副词的语义指向，对于所有的焦点敏感算子，都能够依据句子的焦点来确定它们的语义指向，而不是仅凭语感来进行，这就丰富了语义指向理论的内容。②焦点关联理论已经是比较成熟的理论，因此可以借鉴现有的焦点解释理论对问题的研究更深一步，可以进一步追问：为什么句子中"只"的语义指向不同，句子的语义就不一样？或者从另一个角度追问："只"和其指向对象之间的语义联系是如何建立起来的？对这个问题的回答也会使我们的认识更进一层，不仅知其然，而且知其所以然。

为什么句子中"只"的语义指向不同，句子的语义就不一样？在已经确立了焦点关联和语义指向的关系之后，该问题就变为：为什么"只"指向其辖域内的焦点？这个问题本书借鉴 Rooth 的选项语义学对之做出回答。

Rooth（1985, 1992）提出了选项语义学理论，对句子的焦点的语义功能作出了解释，从而解释了焦点是如何在一定的语境中影响语篇的衔接、会话的含义和句子的真值等一系列焦点关联现象。Rooth 的解释也回答了"为什么'只'指向其辖域内的焦点"的问题。下文首先介绍 Rooth 的选项语义学[1]，然后解释"只"是如何对焦点敏感的。

5.4.1 Rooth 选项语义学的基本内容

Rooth 认为焦点的语义功能是引入焦点成分本身的普通语义值之外的一个附加的焦点语义值，前者是焦点成分的所指的独元集，后者则是由与这个焦点的语义类

---

[1] 下文对选项语义学内容的介绍依据 Rooth（1985, 1992, 1996）的内容，中文表述参考花东帆（2005）。

型相同的可能的指谓（denotations）所组成的集合，分别表示为 $[[\phi]]_o$ 和 $[[\phi]]_f$，$[[\phi]]_f$ 大小是根据一定的语用环境和相关性来决定的，它不一定包括所有可能的同一类的对象。换句话说，焦点语义值就是由焦点引出的一个选项集合，这个集合中的成员由语境和相关性决定。同时，Rooth 给出一个焦点递归定义，利用语义组合在不同的句法单位层面上对焦点进行解释。

（114）焦点递归定义

1．一个焦点的焦点语义值是一个由与这个焦点的语义类型相同的可能的指谓（denotations）所组成的集合。

2．一个非焦点词项的焦点语义值等于这个非焦点词项的普通语义值。

3．设 ϕ 为一个由 $\phi_1,...,\phi_2$ 词组所组成的非焦点复合词组，F 为作用于 ϕ 的语义规则，如：泛函贴合运算（function application），那么，ϕ 的焦点语义值是一个具有以下形式的物体的集合：$F(x_1,...,x_2)$, $x_1 \in [[\phi_1]]_f$ $\wedge ... \wedge x_2 \in [[\phi_2]]_f$。

焦点的语义解释是在解释的某个选定的句法单位层面 ϕ 上引入一个变量 v，并要求这个变量不仅受到 ϕ 的焦点语义值 $[[\phi]]_f$ 的限制，而且需要与某一个先行语（antecedent）相照应。[1] 如果用 # 表示一个焦点解释算子（focus interpretation operator），我们就可依据下列焦点解释原则来解释焦点：

（115）焦点解释原则：

设 ϕ 为一个句法单位，v 为一个隐含的语义变量，那么，$\phi\#v$ 规定 v 是 ϕ 的焦点语义值 $[[\phi]]_f$ 的子集（即：$v \subseteq [[\phi]]_f$）。

与 v 相照应的先行项，记作 C，它可以是某个句法成分的普通语义值，或某个隐含的语义对象，如：一个量化算子的量化域（domain of quantification）。它也可以是一个语用对象，如：某个断言的会话含义所涉及的一个选项断言的集合。但是，无论先行项是什么，它必须通过它的照应项（即焦点解释算子所引入的语义变量 v），间接地受到上述焦点解释原则的限制。也就是说，焦点解释算子所引入的语义变量 v 限制了它的先行项的选择。要求语义变量 v 的先行项也是 ϕ 的焦点语义值 $[[\phi]]_f$ 的子集（即 C $\subseteq [[\phi]]_f$）。

---

[1]　这里的先行项是一个广义的概念，在句法或语义表达式中可以出现在 v 前或 v 后。

5.4.2　选项语义学对"只"字句歧义的解释

在现代汉语中，"只"可以位于 NP、VP、AP 之前，表示对相关的对象的限定。当位于 NP 之前时，NP 前往往隐含着一个动词。因此，在只字句中，"只"修饰的 XP 在句法功能上趋于一致，"只"修饰 VP、AP 和 NP 都可以分析为 VP（谓词词组），这样我们把"只"的句法环境简化为：

（116）[只 VP]

相应的，"只"的语义分析为：

（117）$\lambda x[[[VP]]_0(x) \land \forall P[P \in C \land P(x) \to P = [[VP]]_0]]$

在这里，"只"是一个量化副词，它量化一系列的特征（properties），记作 P，该特征属于特征集合 C。[只 VP] 的意思是：x 具有谓词词组的普通语义值 $[[VP]]_0$ 所表达的特征，并且对 C 中的任何一个特征而言，如果 x 具有这个特征，那么，这个特征就是动词词组的普通语义值 $[[VP]]_0$ 所具有的特征。换句话说就是，x 所具有的任何特征都是谓词词组的普通语义值 $[[VP]]_0$ 所表达的特征，而不是任何其他的特征。

根据这个语义表达式，我们来分析下面的句子：

（118）他只给了我十块钱。

用 T 表示"他"，W 代表"我"，S 代表"十元"、Q 代表"钱"，上面的句子分析为：

（119）他只给了我十块钱。

$$= \forall P[P \in C \land P(T) \to P = \lambda x [[给（x, W, SQ）]]_0]$$

当句子的焦点为"我"时，句子的语义结构可以表示为图 3：

（120）图3：

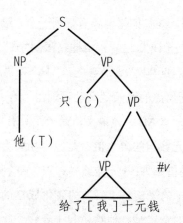

运用焦点递归定义，我们可以得到动词词组"给了 [我]$_f$ 十元钱"的焦点语义值：

（121）[[给了 [我] 十元钱]]$_f$

$$= \{\lambda x \, [[\, 给 \, (x, \, y, \, SQ)]] | \, y \in M\}$$

该语义值是一个具有"给 y 十元钱（SQ）"特征的集合，其中的 M 是焦点"我"的语义值，是一个相关的人的集合。y 是变量，其取值范围是集合 M。

再运用焦点解释原则 $v \subseteq$ [[焦点]]$_f$，得到焦点解释算子 # 所引入的语义变量 v 的值为：

（122）$v \subseteq \{ 给 \, (x, \, y, \, SQ) | \, y \in M \}$

该变量是一个特征的集合，要求有一个先行语相照应，这个先行语同样应该是特征的集合。而"只"的语义解释恰好可以提供这样一个先行项，"只"是一个限定副词，它有一个隐含的量化域，记作 C，量化域中的成员是所有可能具有"只 VP"属性者，它可能成为 v 的先行项，但是要真正成为 v 的先行项，它必须是 { 给 $(x, \, y, \, SQ) | \, y \in M$} 的子集。这样，焦点解释起到了限制"只"要求的候选项集合的成员的作用，它要求"只"隐含的量化域和焦点引出的选项集合具有一致性，即 C $\subseteq$ { 给 $(x, \, y, \, SQ) | \, y \in M$}，以使焦点解释算子引入的语义变量 v 获得其先行项。相应的"他只给了 [我]$_f$ 十元钱"就解释为：

（123）$\forall P[P \in C \wedge P(T) \rightarrow P = [[VP]]_0]$

$$= \forall P[P \in C \wedge P(T) \rightarrow P = \lambda x [[给 (x, W, SQ)]]_0]$$

句子的意思是：他给了我十元钱，并且如果他具有任何一个"给了某人十元钱"的特征，那么这个特征就是"给了我十元钱"。这样焦点通过限制"只"的量化域与"只"相关联，从而"只"限定的对象就是焦点"我"。换言之，"只"在语义上指向"我"。

当焦点在"十元钱"上时，根据焦点的递归定义动词词组"给了我 [十元钱]$_f$"的焦点语义值为：{ 给 $(x, W, y)|y \in M$}。该语义值是一个具有"给我（W）y"特征的集合，其中的 M 是焦点"十元钱"的语义值，是一个相关给予物的集合。焦点解释算子 # 所引入的语义变量 v 的值则为：$v \subseteq$ { 给 $(x, W, y)|y \in M$}，V 的先行项必须是 { 给 $(x, W, y)|y \in M$} 的子集。"只"的量化域 C 的值也必须是 { 给 $(x, W, y)|y \in M$} 的子集。句子的意思是：他给了我十元钱，并且如果他具有任何一个"给了我某物"的特征，那么这个特征就是"给了我十元钱"。"只"限定的对象是焦点"十元钱"。换言之，"只"在语义上指向"十元钱"。

至此，我们看到，引入焦点的概念后，我们对"只"字句歧义现象就不仅仅停留在歧指的概念上，而是运用焦点解释理论回答了"只"为什么会指向"重音所在的成分"，也就解释了歧义产生的原因。关于"只"语义歧指的溯因的问题——"只"和其指向对象之间的语义联系是如何建立起来的，为什么"只"指向其辖域内的焦点？——可做如下的回答：

> "只"字句的歧义与焦点的语义解释和算子的语义有关。焦点语义解释要求语义变量获得先行词照应，算子"只"的量化作用使得它能提供一个焦点所需要的先行词。因此算子"只"和焦点之间就建立了语义关联。"只"指向焦点。句子中焦点的位置不同，"只"关联的对象不一样，句子的意义也不一样。

5.4.3 推广：焦点敏感算子的语义歧指现象解释

上文分析了"只"字句歧义产生的原因是因为"只"是一个焦点敏感算子，在句子中会与其辖域内的焦点关联，所以随着焦点位置的不同句子的语义也不一样，形式上的表现是"只"字句随着重音的位置变化发生语义上的变化，焦点敏感算子语义上指向句子中处于该算子辖域内的焦点成分。

在关于汉语副词的研究中，"只"字句、"也"字句、"最"字句、"还"字句的歧义都受到过不同程度的关注，它们有一个共同的地方就是，句子的语义随着重音位置的变化而变化。对这些歧义句，研究者都有一个共同的认识，有这些副词的特殊句子，产生歧义的原因都跟副词的语义指向有关，也就是说，它们都是歧指。但是产生歧义的原因，针对具体的副词，各家的解释不一样。那么，能不能找到歧指现象产生的共同原因呢？

本书对"只"字句的歧义分析是以"只"对其辖域内的焦点敏感为基础的，对其辖域内的焦点敏感是所有焦点敏感算子的共性，而且分析中借鉴的理论是针对所有焦点敏感现象的，因此这种分析应该能适用于所有焦点敏感算子，所以笔者提出如下的假设：

（124）假设：

[1]对于所有的焦点敏感副词，它们在语义上指向句子中处于该算子辖域内的焦点成分。

[2]如果一个副词被证明是焦点敏感算子，就能运用选项语义学对相应的歧义句作出解释。

试以汉语中"最"字句的歧义现象对上面的假设作出简要分析如下：

汉语中的"最"也是一个焦点敏感算子，它在句子中会与焦点关联，从而当"最"字句中的焦点位置不同时，"最"的语义指向也随之不一样，句子的真值条件也相应发生变化，从而导致"最"字句的歧义。如：

（125）老李最喜欢猫。

　　　a. [老李]$_f$最喜欢猫。

　　　b. 老李最喜欢[猫]$_f$。

（125a）的焦点在老李上，"最"指向老李，意思是，在所论及的所有的人中，最喜欢猫的人是老李。（125b）的焦点在"猫"上，"最"指向"猫"，意思是，在所论及的动物中，老李最喜欢的是猫。

选项语义学能否解释"最"和焦点的联系是如何建立起来的问题？分析如下：

根据焦点递归定义，"[老李]$_f$最喜欢猫"的焦点语义值就是：$[[\phi]]_f = \{x$ 最喜欢猫 $|x \in$（老李、老张、老王……）$\}$，依据焦点解释原则，可以得到焦点解释算子 # 所引入的语义变量 v 的语义值：$v \subseteq [[\phi]]_f$ 即 $v \subseteq \{x$ 最喜欢猫 $|x \in$（老李、

老张、老王……）}，它要求有一个先行项与之照应，而"最"的语义解释可以提供这样一个先行项。"最"是一个表示比较的程度副词，它表示某事物的某种属性超过同类中其他所有的事物，因此"最"往往会隐含一个由多个同类事物组成的比较项的集合，记作 C。实际上集合中的成员是所有可能具有"最 VP"属性者，它可能成为 v 的先行项，但是要真正成为 v 的先行项，它必须是 {x 最喜欢猫 |x ∈（老李、老张、老王……）} 的子集。这样，焦点解释起到了限制"最"要求的比较项集合的成员的作用，它要求"最"隐含的比较项和焦点引出的选项集合一致，以使焦点解释算子引入的语义变量 v 获得其先行项。因此，焦点的作用是限制"最"的比较项，随着焦点的不同，"最"隐含的比较项也不同，即"最"对焦点敏感。

汉语中，"最"在句法上修饰谓词性成分，但是在语义上，"最"指向其隐含的对比项集合中的某一成员。依据比较的标准，该成员胜过其他所有成员，往往具有唯一性和排他性。由于焦点在句中的作用，"最"隐含的对比项就是焦点引出的选项，焦点是该集合中的一员，并且依据选定的标准，焦点胜过所有其他成员，因而是"最"的指向所在。换句话说，"最"在语义上指向焦点。

同样地，对"也"、"还"字句的解释也可以用选项语义学作出解释。

5.5　本章小结

本章从焦点关联的角度研究了"只"的语义指向问题，首先以"只"的句法分布为框架描写"只"字句中"只"的语义指向，勾勒出了"只"的语义指向的基本面貌，然后厘清了副词对焦点敏感和它的语义指向的关系，认为焦点敏感现象和语义指向是不同性质的问题，但是对于焦点敏感算子而言，它们的语义指向问题和焦点敏感问题是同一个问题的两个方面。因此可以从焦点敏感的角度对"只"的语义指向问题进行研究，循此思路，本章基于第一章语义焦点的性质和多重焦点结构的观念，分析了"只"字句中的焦点表达手段及焦点对"只"的语义指向的制约规律："只"在语义上指向其辖域内的最强焦点。根据焦点的强度级差，确定了"只"字句中"只"的语义指向优先序列：

辖域内的对比重音所在成分 ＞ "只"后 XP 中的 NP（主语、状语[1]、宾

---

[1]　这里的状语不是确切的说法，准确的说法是充当状语的介宾短语中的介词宾语。

语）> 辖域中内嵌最深成分的其他投射（动宾短语 > 状中短语）

据此语义指向优先序列，得到了确定"只"的语义指向的流程和书面语中确定"只"的语义指向的程序。

本章最后借鉴 Rooth 的选项语义学对"只"和其语义指向对象之间的语义关联机制进行了解释，解释了"只"的语义歧指产生的原因，并试图推广到对所有焦点敏感算子的语义歧指现象的解释上去。

第六章 结 语

　　本书研究现代汉语副词"只"的语义问题。副词"只"集中了两个重要的特性：一个是语义多指性，一个就是对焦点敏感，因此，对"只"的语义研究就涉及两个重要的领域，一个是语义指向的研究领域，一个是焦点的研究领域。综观前贤对"只"的研究，也主要在这两个领域中展开。

　　在语义指向领域，由于"只"的语义多指性突出地体现了汉语的形式和意义的不一致性，因此"只"的语义指向问题成为汉语语义指向理论得以建立和发展的重要事实基础，语义指向研究的历史表明，副词的语义指向研究是汉语语义指向研究的重要内容。沈开木（1996）甚至认为有语义指向问题的就是几个副词，而在副词的语义研究中，"只"的语义指向问题举足轻重。也是由于这个原因，"只"的语义指向问题在汉语语法学界备受关注，在论及汉语语义指向理论问题的文献中，无一例外地都会述及"只"的语义指向问题。由此可以期望：对"只"的语义指向研究的突破能够推动整个语义指向理论的发展。

　　在焦点研究领域中，汉语的焦点研究还没有充分展开，有关焦点的研究集中于焦点的概念、性质和分类上，而对它在语义方面的重要作用还没有展开研究，和焦点相关的语言现象也还没有充分认识。但是在西方语言学界，无论是形式语言学还是功能语言学，都有对焦点的广泛研究。研究的领域涉及当代音系学、句法学、语义学、话语分析等各个语言学学科分支，尤其是焦点关联现象，更是当代语义学研究的热点问题。西方语言学界围绕焦点的语义解释，对焦点关联现象已经有很深入的研究，他们发现了一系列对焦点敏感的结构，对某些焦点敏感算子的语义特性作出了深入的研究，取得了很多成果。但是汉语的焦点敏感算子的语义研究，或者说从焦点敏感的角度对某些词语进行语义研究还没有展开。

徐烈炯等人在汉语的焦点问题方面做了开拓性研究，他们引进西方的焦点研究成果，并应用于汉语的研究，也开始关注汉语的焦点关联现象和汉语的焦点敏感算子，并且注意到焦点关联现象和副词的语义指向之间有很密切的关系。但是，这些研究才刚刚起步，有些基础性的问题还没有厘清，比如，汉语中有哪些焦点敏感结构？如何判断汉语中的一个词是否为焦点敏感算子？汉语中的焦点敏感算子有何句法语义特性？等等。

有鉴于以上的现状，本书尝试以焦点理论为背景，从"只"作为焦点敏感算子的角度对"只"的语义进行多方面的研究。一方面是对汉语的焦点关联问题从个案方面进行研究，另一方面，也是引入新的理论对汉语的语义指向问题作出新的观察。

本书主张以焦点理论为背景，是因为"只"的种种句法语义表现都与其对焦点敏感的特性有关，但是焦点理论本身还是在发展中的理论，很多问题都是开放的，没有最后统一的结论。尤其是焦点性质和分类问题。因此本书在文章的理论介绍部分对汉语的焦点的性质和汉语句子的焦点结构做了分析，本书认为焦点的性质只有一种：所有焦点都是韵律上突出的成分，是话语表达中的语义重点。不同的焦点只有因受强调程度的不同而有强弱的差别、程度的高低，而没有根本性质的对立。一个简单句可以有主次不同的多种焦点，形成多焦点结构。从交际的角度来看，交际的过程是一个动态的信息传递的过程，所以信息是不断更新的，一般来说，回答当前问题的信息是最新信息，因此回答当前问题的成分是句中的主要焦点，与句子的强式焦点重合且只有一个，可以用问答法确定。次要焦点则是当前问答之前的对话中的新信息，可以看作是从交谈中继承的焦点。根据焦点在韵律上突出的特点，和交际的动态性特点，可以根据重音的高低来判断焦点的强弱，确定多重焦点句中的主要焦点和次要焦点。

以焦点理论为背景，从焦点敏感的角度观察"只"的语义问题。"只"在句子中的位置浮动性具有重要的价值，而这一点在以往的研究中并没有引起足够的重视。从焦点关联的角度看，"只"在句子中的位置与一定的语调核心即一定的焦点相关联，也与一定的焦点结构相联系。所以"只"的位置会影响句子的语义解释。

"只"作为典型的焦点敏感算子，它在句中的位置灵活是算子浮动性的代表。

本书考查了焦点敏感算子"只"的浮动性特征。首先针对有关算子浮动性的不同观点，通过比较不同算子的句法分布，证明了算子的浮动性是算子的个性，这种个性反映了算子自身的重要句法特征。然后具体考察了算子"只"的浮动性的限制，重点分析"只"在复杂谓词结构中的浮动限制。明确了影响算子浮动性的既有句法的因素也有语义的因素：句法上，"只"一定要出现在谓词性成分前，从而满足副词必须修饰谓词性成分的要求；语义上，"只"要求它与焦点关联必须能激发出语义明确的选项与句中其他成分构成合适的语义结构体。在考察"只"的浮动性时，笔者发现了"只"的分布不对称现象：话题/主语和宾语前分布的不对称，以及"只"在肯定句和否定句中的不对称，并试图对之作出解释。文章尝试证明"只"的句法要求是"只"在话题/主语和宾语前分布的不对称这一现象产生的原因。文章也对"只"在肯定句和否定句中的不对称现象，尤其是对"只"在允准负极词时呈现出的肯定和否定不对称现象提供了几种可能的解释。限于笔者的研究能力，这个问题还没有获得充分可信的解释，希望能看到更多的研究。

从算子在句子语义表达中的作用来看，焦点敏感算子在句子中和焦点的相互作用，会使句子在表达不含焦点敏感算子的基本命题意义之外，对由焦点和焦点激发的选项组成的选项集中的成员进行性质判断，即断定由这些选项替代焦点形成的命题的真值。不同算子的语义不同主要表现在其对与焦点所激发的选项集中其他成员的性质判断上。排他性算子"只"会断定焦点之外的所有选项替代焦点而构成的命题为假，仅焦点构成的命题为真。

算子"只"所关联的焦点与其激发的选项构成的选项集在语义上的一些特征，体现出"只"的量级和非量级的不同用法。算子在约束焦点时，如果焦点和它激发的选项构成的命题本身具有衍推关系，或者这些命题是对现实中某种事物推移过程的表达，或者它们的语义在一定的上下文语境中依据某种情理在语义强度上有高低不同，这些命题就会构成一个量级模型。"只"在和焦点关联时，由于量级模型上端的命题只能衍推而不能排除处其下面的命题，只有最下端的命题才能排除其上面的所有命题，"只"的排他性要求要得到满足，"只"约束的焦点的语义值必须取该模型最下端的最小值，从而体现出量级用法。能表达量级是"只"的重要功能，我们称之为"只"的量级用法，如果焦点和其激发的选项构成的命题没有构成量级模型，那么"只"约束的焦点取值没有量级上的限制，"只"就是非量级的用法。

"只"的量级用法和非量级用法的区分有重要的语言学价值。它可以作为一个区分"只"和其他排他性算子的参数，依据这个参数对"只"和其他排他性算子的用法进行比较研究。无论是量级用法还是非量级用法，"只"都要求它约束的焦点能激发出合适的选项，该选项能与句子中其他成分构成合适的语义结构体，以使"只"的排他性要求得到实现，这是限制"只"在某些句法结构中隐现的语义原因。"只"的量级用法还要求"只"约束的对象不能是全量，这使"只"不允许表示全量的强势量化词在它的辖域之内受到约束。

基于语义焦点的性质和多重焦点结构的观念，本书从焦点关联的角度分析了"只"字句中的焦点表达及焦点对"只"的语义指向的制约规律："只"指向其辖域内的最强焦点。根据焦点的强度级差，可以确定"只"字句中"只"的语义指向优先序列：

"只"的语义指向优先序列：

辖域内的对比重音所在成分 > "只"后 XP 中的 NP（主语、状语[1]、宾语）> 辖域中内嵌最深成分的其他投射（动宾短语 > 状中短语）

根据这个语义指向的优先序列，得到了确定"只"的语义指向的流程如下：

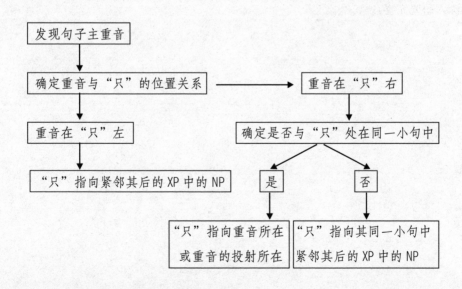

书面语中确定"只"的语义指向的程序则为：

---

[1] 这里的状语不是确切的说法，准确的说法是充当状语的介宾短语中的介词宾语。

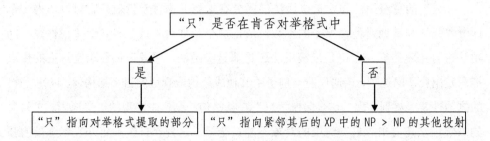

这种分析是基于普遍的焦点关联现象而得到的结论，从方法上来说是对语义指向研究的一个突破，可以期望它在副词的语义指向研究方面有一定的普适性，而本书也尝试运用焦点解释理论对其他副词的语义歧指现象作出解释。

由于汉语缺乏严格意义的形态标志和形态变化，虚词成了汉语中表示语法意义的重要手段，在汉语语法体系中有着极为重要的地位。马真老师说"虚词的个性很强，需要一个一个深入研究说明"。本书研究现代汉语中的副词"只"的句法语义，可说是对马真老师的主张的一个实践。本书以焦点关联理论为背景对副词进行语义研究，也是一个尝试，有些问题的观察和解释或有不足甚至错谬之处，还需要继续深入研究完善。

参考文献

Austin, J.L.1958. performative-constative [A]. In Charles E.Caton (ed.). *Philosophy and Ordinary Language*[C]. Urbana: University of Illinois Press ,1963.

Bayer, J. 1999. Bound focus or how can association with focus be achieved without going semantically astray[A]. In Rebuschi, G. & L. Tuller (eds.). *The Grammar of Focus*[C]. Amsterdam: John Benjamins, 1999.

Beaver, David & Clark, Brady. 2003. Always and Only: Why Not All Focus-sensitive Operators Are Alike? [J]. *Natural Language Semantics*, 11: 323-362.

Bosch, P. & R. van der Sandt(eds.). 1999. *Focus: Linguistic, Cognitive, and Computational Perspectives*[C]. Cambridge: CUP.

Chomsky, N. 1971. Deep structure, surface structure and semantic interpretation[A]. In D. Steinberg and L. Jakobovits(eds.). *Semantics: An interdisciplinary reader in philosophy,linguistics and psychology*. Cambridge: CUP. 中译文：《深层结构、表层结构和语义解释》， 赵世开译，载《语言学译丛（第二辑）》，北京：中国社会科学出版社。

Chomsky, N. & Halle, M. 1968. *The Sound Pattern of English*[M]. New York, Happer and Row.

Cinque, G. 1993. A null Theory of Phrase and Compound Stress[J]. *Linguistic Inquiry*, 24: 239-297.

Crystal, D. 1997. *A Dictionary of Linguistics and Phonetics*[I]. Blackwell Publishers

Ltd.（第四版）。中译本：《现代语言学词典》，沈家煊译，商务印书馆 2000 年 12 月第 1 版。

Dretske, Fred. 1972. Contrastive statements[J]. *Philosophical Review* , 81: 411-437.

É. Kiss, K. 1995. Introduction. In *Discourse Configurational Languages*[C]. (ed.). by É. Kiss. K. Oxford: Oxford University Press, 3-27.

É. Kiss, K. 1998. Identificational focus versus information focus[J]. *Language* volume 74: 245-273.

Erteschik-Shir, N. 1997. *The Dynamics of Focus Structure*[M]. Cambridge: Cambridge University Press.

Erteschik-Shir, N. 1999. Focus structure and scope[A]. In Rebuschi, Georges & Laurice Tuller(eds.).

Fauconnier, Gilles. 1975a. Pragmatic Scales and Logical Structure [J]. *Linguistic Inquiry 6*, 3: 353-375.

Fauconnier, Gilles. 1975b. Polarity and the Scale Principle [J]. *Chicago Linguistic Society* 11: 188-199.

Fauconnier , G. 1979. Implication reversal in a natural language[A]. In F. Guenthner and S. J . Schmidt (eds.). *Formal Semantics and Pragmatics for Natural Languages*[C]. Dordrecht : D. Reidel Publishing Company, 289 - 301.

Firbas. 1971. On the concept of communicative dynamism in the theory of functional sentence perspective [J]. *Philologica Pragensia 8*, 135-144.

Firbas.1992. *functional sentence perspective in written and spoken communication*[M]. Cambridge: Cambridge university press.

Gazdar , G. 1979. *Pragmatics*[M]. New York : Academic Press.

Grice , H. 1975. Logic and Conversation[A]. In P. Cole & J . L. Morgan (eds.). *Syntax and semantics*, Vol. 3 : *Speech acts*[C] . New York : Academic Press.

Gundel, J. K. Different kinds of focus[A]. In Bosch, Peter & Rob van der Sandt (eds.), 1999: 293-305.

Hajičová, Eva, Barbara H. Partee & Peter Sgall. 1998. *Topic-Focus Articulation, Tripartite Structures, and Semantic Content*[M]. Dordrecht: Kluwer.

Hirschberg, J.1992. *A Theory of Scalar Implicature*[M]. Cambridge: Cambridge University press.

Horn, Laurence. 1969. A Presuppositional Analysis of only and even [J]. *Chicago Linguistic Society*, 5.

Horn , Laurence. 1972. *On the semantic properties of logical operators in English*[D]. Doctoral Dissertation , UCLA.

Horn, Laurence. 1996. Presupposition and implicature[A]. In *The Handbook of Contemporary Semantic Theory* [C].(ed.). by Lappin Shalom, London: Blackwell publisher: 298-297.

Hsiao, Su-ying. 2002. *Negative Sensitivity in Mandarin Chinese: A Comparative Study of Mandarin Chinese and Holo Taiwanese* [D]. Ph. D. dissertation. National Tsing Hua University.

Hsiao, Suying. 2004.Two Types of Negative Sensitive Expression [R]. 庆祝中央研究院语言学研究所正式成所语言学成果发表会，Feb. 20-21, 2004, Taipei: Academia Sinica.

Jackendoff, R. 1972. *Semantic interpretation in generative grammar*. MIT Press, Cambidge, Massachusetts.

Keenan, Edward L. 2002. Some properties of Natural language quantifiers: Generalized Quantifier Theory[J]. *Linguistics and Philosophy*, 25: 627–654.

König, Ekkehard. 1991. *The Meaning of Focus Particles: A Comparative Perspective*[M]. London: Routledge.

Krifka, Manfred.1991. A Compositional Semantics for Multiple Focus Constructions[A]. In *Proceedings of Semantics and Linguistic Theory(SALT)*,1, Ithaca, NY: CLC Publications, Cornell University: 127-158.

Krifka, Manfred.1995. The Semantics and Pragmatics of Polarity Items[J]. *Linguistic Analysis*, 25:1-49.

Lambrecht, K. 1994. Informational Structure and Sentence[A]. Form: *Topic, Focus, and the Mental Representation of Discourse Referents* [C]. Cambridge: CUP.

Lappin, Shalom. 1996. *The Handbook of Contemporary of Semantic Theory*[C]. (ed.).

London: Blackwell Publisher.

Leech , G. 1981. *Semantics*[M]. Middlesex : Penguin Books. 中译本：李瑞华等译，何兆熊等校：《语义学》，上海：上海教育出版社，1987。

McCawley, James D. 1993 2nd ed. [1980]. *Everything that linguists have Always Wanted to Know about logic ... But Were Ashamed to Ask*[M]. Chicago, IL: The University of Chicago Press. 中译本：徐列颂等译，王维贤校：《语言逻辑分析 —— 语言学家关注的一切逻辑问题》，杭州：杭州大学出版社，1998。

Milsark, G.1974. *Existential Sentences in English*[D]. Ph.D. Dissertation, MIT.

Pan, Hai-hua. 2001. Focus and Scope Interaction in the Interpretation of Bu-Sentences in Mandarin Chinese[R]. Paper presented at Peking University, 5 June, 2001.

Partee, Barbara. 1991. Topic, Focus and Quantification[A]. *In Proceedings of Semantics and Linguistic Theory(SALT)*,1, Ithaca, NY: CLC Publications, Cornell University: 159-187.

Partee, B. H. 1999. Focus, quantification, and semantics-pragmatics issues[A]. In Bosch, P. &R. van der Sandt (eds.). *Focus: Linguistic, Cognitive, and Computational Perspectives*[C]. Cambridge: Cambrige University press.

Randy J. Lapolla（罗仁地）. 1995. *Pragmatic relation and word order in Chinese*.《语用关系与汉语的词序》，詹卫东译，Dory Poa（潘露莉）校，《语言学论丛》30 辑，北京：商务印书馆，2004。

Rebuschi, G. & L.Tuller (eds.). 1999. *The Grammar of Focus*[C]. Amsterdam: John Benjamins.

Rochemont, M. 1986. *Focus in generative grammar*[M]. Amsterdam: John Benjamins.

Rochemont, M. & P. Culicover. 1990. *English focus constructions and the theory of grammar*[M] . Cambridge: CUP.

Rooth, Mats. 1985. *Association with Focus*[D]. Ph. D. Dissertation, University of Massachusetts, Amherst.

Rooth, M.1992. A Theory of Focus Interpretation[J]. *Natural Language Semantics*, 1: 75-116.

Rooth,M.1996. Focus[A]. In *The Handbook of Contemporary Semantic Theory* [C].

(ed.). by Lappin Shalom, London: Blackwell publisher: 271-297.

Schmerling, S. 1976. *Aspects of English sentence stress*[M]. Austin: University of Texas Press.

Shyu, S. I. 1995. *The Syntax of Focus and Topic in Mandarin Chinese*[D]. Ph.D. dissertation. University of Southern California.

Eve Sweetser. 2002. *From etymology to pragmatics : metaphorical and cultural aspects of semantic structure* [M]. 中文版：《从语源学到语用学：语义结构的隐喻和文化内涵》，北京：北京大学出版社。

Teng, S.H. 1979（邓守信）. Remarks on Cleft Sentences in Chinese[J]. *Journal of Chinese Language*. 7.

Simpson, A. & Z. Wu. 2002. Agreement, Shells, and Focus[J]. *Language Volume*, 78: 287-313.

Van Valin, R. T. & Lapolla. 2002. *Syntax: Structure, Meaning and Function*[M]. 剑桥大学出版社授权北京大学出版社出版（影印本）。

Wu Guo .1998. *Information Structure in Chinese*[M]. Peking: Peking university press.

Xu Liejiong & D. terence Langendoen. 1985. Topic structures in Chinese[J]. *Language*, 61:1-27.

Xu, liejiong. 2004. Manifestation of informational focus[J]. *Lingua*. 114: 227-299.

Zubizarreta, M. 1998. *Prosody,Focus, and Word Order*[M]. Cambridge: MIT press.

北京大学中文系 1955、1957 及语言班：《现代汉语虚词例释》，商务印书馆 1996 年版。

北京大学中文系现代汉语教研室：《现代汉语》，商务印书馆 1993 年版。

毕永峨：《"也"在三个话语平面上的体现：多义性或抽象性？》，载戴浩一、薛凤生主编：《功能主义与汉语语法》，北京语言文化大学出版社 1994 年版。

蔡维天：《谈"只"与"连"的形式语义》，载《中国语文》2004 年第 2 期。

曹逢甫：《再论话题和"连……都/也"结构》，载戴浩一、薛凤生编《功能主义与汉语语法》，北京语言文化大学出版社 1994 年版。

陈昌来：《现代汉语句子》，华东师范大学出版社 2000 年版。

陈昌来、张谊生、齐沪扬：《现代汉语虚词研究综述》，安徽教育出版社 2002 年版。

陈　虎：《自然语言的重音分布及其语义解释——西文研究综述》，载《现代外语》2003 年第 1 期。

陈　平：《释汉语中与名词性成分相关的四组概念》，载《中国语文》1987 年第 2 期。

陈　平：《试论汉语中三种句子成分与语义成分的配位原则》，载《中国语文》1994 年第 3 期。

陈伟琳、贾齐华：《"只"的句法功能和语义指向考察》，载《信阳师范学院学报》（哲社版）1993 年第 3 期。

陈伟琳：《限定副词"只"、"仅"的句法分布及语义制约辨微》，载《信阳师范学院学报》（哲社版）1996 年第 4 期。

陈伟琳：《限定副词"只""就"语义指向辨析》，载《信阳师范学院学报》1998 年第 10 期。

陈伟琳：《"只有"与"只＋有"的用法及分野》，载《信阳师范学院学报》（哲社版）1999 年第 4 期。

陈伟琳：《"只是"与"只＋是"的用法及分野》，载《河南大学学报》2001 年第 7 期。

陈晓湘、罗琼鹏：《极性敏感词的极端敏感性及允准条件研究》，载《外语与外语教学》2003 年第 4 期。

储泽祥：《"名＋数量"语序与注意焦点》，载《中国语文》2001 年第 5 期。

崔希亮：《汉语连字句的语用分析》，载《中国语文》1993 年第 2 期。

邓根芹：《限定性副词"只"的句法、语义、语用分析》，载《嘉兴学院学报》2005 年第 4 期。

董秀芳：《"都"与其他成分的语序及相关问题》，载《世界汉语教学》2003 年第 1 期。

董秀芳：《无标记焦点和有标记焦点的确定原则》，载《汉语学习》2003 年第 2 期。

渡边丽玲：《副词的修饰域与语义指向》，北京大学 1991 年中文系硕士论文。

范开泰：《语用分析说略》，载《中国语文》1985 年第 6 期。

范开泰、张亚军：《现代汉语语法分析》，华东师范大学出版社 2000 年版。

范　晓：《同音同形的"是"的分化》，载《辞书研究》1996 年第 2 期。

范　晓：《胡裕树有关语法研究三个平面的几个问题》，载《中国语文》1992

年第 4 期。

方经民：《有关汉语句子信息结构分析的一些问题》，载《语文研究》1994 年第 2 期。

方 梅：《汉语对比焦点的句法表现手段》，载《中国语文》1995 年第 4 期。

傅雨贤：《副词在句中的位置分布》，载《汉语学习》1983 年第 3 期。

[日]古川裕：《副词修饰"是"字情况考察》，载《中国语文》1982 年第 1 期。

顾 钢：《话题和焦点的句法分析》，载《天津师范大学学报（社会科学版）》2001 年第 1 期。

郭 锐：《衍推和否定》，载《世界汉语教学》2006 年第 2 期。

郭 锐：《语义结构和汉语虚词语义分析》，载《世界汉语教学》2008 年第 4 期。

侯学超：《现代汉语虚词词典》，北京大学出版社 1999 年版。

胡树鲜：《试论某些副词的多项作用点》，载《河北师院学报》1985 年第 1 期。

花东帆：《焦点的选项语义论》，载徐烈炯、潘海华主编《焦点结构和意义的研究》，外语教学与研究出版社 2005 年版。

黄瓒辉：《焦点，焦点的结构和焦点的性质研究综述》，载《现代外语》2003 年第 4 期。

黄瓒辉：《量化副词"都"与句子的焦点结构》，北京大学 2004 年博士学位论文。

黄正德：《说"是"和"有"》，载《李方桂先生纪念论文集》，"中央"研究院历史语言研究所 1988 年版。

蒋 严、潘海华：《形式语义学引论》，中国社会科学出版社 1998 年版。

金立鑫：《"把"字句的句法、语义、语境特征》，载《中国语文》1997 年第 6 期。

鞠彩萍、周建兵：《范围副词研究综述》，载《贵州教育学院学报》2003 年第 1 期。

雷良启：《分别的语义指向及相关的歧义问题》，载《汉语学习》1999 年第 3 期。

李宝伦、潘海华：《焦点与"不"字句之语义解释》，载《现代外语》1999 年第 2 期。

李宝伦、潘海华、徐烈炯：《对焦点敏感的结构及焦点的语义解释》（上），载《当代语言学》2003 年第 1 期。

李宝伦、潘海华、徐烈炯：《对焦点敏感的结构及焦点的语义解释》（下），载《当代语言学》2003 年第 2 期。

李宝伦、潘海华：《焦点关联现象与对焦点敏感的结构》，载徐烈炯、潘海华主编《焦点结构和意义的研究》，外语教学与研究出版社 2005 年版。

李范烈:《现代汉语副词"只"的语义指向考察》,载《安庆师范学院学报》(社会科学版)2009 年第 8 期。

李晋霞:《论话题标记"如果说"》,载《汉语学习》2005 年第 1 期。

李临定:《现代汉语句型》,商务印书馆 1986 年版。

李胜昔:《副词"只"的用法新探》,载《古汉语研究》1995 年增刊。

李宇明:《汉语量范畴研究》,华中师范大学出版社 2000 年版。

林裕文:《谈疑问句》,载《中国语文》1985 年第 2 期。

林华勇:《现代汉语副词研究回顾》,载《汉语学习》2003 年第 1 期。

刘丹青、徐烈炯:《焦点与背景、话题及汉语"连"字句》,载《中国语文》1998 年第 4 期。

刘坚、江蓝生、白维国、曹广顺:《近代汉语虚词研究》,语文出版社 1992 年版。

刘宁生:《话题链·蕴含·歧指——再论"最"字句和相关问题》,载《南京师大学报》1993 年第 1 期。

刘宁生、钱玉莲:《"最"的语义指向与"最"字句的蕴涵》,载《汉语学习》1987 年第 5 期。

刘探宙:《多重强势焦点共现句式》,载《中国语文》2008 年第 3 期。

刘鑫民:《焦点、焦点的分布和焦点化》,载《宁夏大学学报》(社科版)1995 年第 1 期。

刘月华等:《实用现代汉语语法》(增订本),商务印书馆 2001 年版。

陆俭明、马真:《现代汉语虚词散论》,北京大学出版社 1985 年版。

陆俭明:《八十年代中国语法研究》,商务印书馆 1993 年版。

陆俭明:《关于语义指向分析》,载《中国语言学论丛》(第一辑),北京语言文化大学出版社 1997 年版。

陆俭明:《关于句处理中所要考虑的语义指向问题》,载《语文研究》2001 年第 1 期。

陆俭明:《再谈"吃了他三个苹果"一类结构的性质》,载《中国语文》2002 年第 4 期。

陆俭明:《现代汉语语法研究教程》,北京大学出版社 2003 年版。

陆俭明、沈阳:《汉语和汉语研究十五讲》,北京大学出版社 2003 年版。

卢英顺:《副词"只"和"only"的句法语义语用比较》,载《汉语学习》1995

年第 1 期。

卢英顺：《语义指向研究漫谈》，载《世界汉语教学》1995 年第 3 期。

卢英顺：《副词"只"的语义指向及其对句法变换的制约》，载《安徽师大学报》1996 年第 4 期。

罗仁地、潘露莉：《焦点的结构类型及其对汉语词序的影响》，载徐烈炯、潘海华主编《焦点的结构和意义的研究》，外语教学和研究出版社 2005 年版。

罗琼鹏：《"是"、焦点与量化》，湖南大学 2005 年硕士学位论文。

吕必松：《关于"是……的"结构的几个问题》，载《语言教学与研究》1982 年第 4 期。

吕叔湘：《汉语语法分析问题》，商务印书馆 1979 年版。

吕叔湘：《现代汉语八百词》（增订版），商务印书馆 1999 年版。

吕叔湘：《中国文法要略》，商务印书馆 1982 年版。

吕叔湘：《疑问 否定 肯定》，载《中国语文》1985 年第 4 期。

吕叔湘：《汉语句法的灵活性》，载《中国语文》1985 年第 1 期。

马　真：《说"也"》，载《中国语文》1982 年第 2 期。

马　真：《现代汉语虚词研究方法论》，商务印书馆 2004 年版。

莫红霞、张学成：《汉语焦点研究概观》，载《杭州师范学院学报》2001 年第 4 期。

聂俊山：《论语言信息的焦点》，载《新疆大学学报》1991 年第 4 期。

潘建华：《每个句子都有焦点吗？》，载《山西师大学报》2000 年第 3 期。

齐沪扬：《语气词与语气系统》，安徽教育出版社 2002 年版。

钱　军：《结构功能语言学——布拉格学派》，吉林教育出版社 1998 年版。

钱敏汝：《否定载体"不"的语法语义考察》，载《中国语文》1990 年第 1 期。

邵敬敏：《八十年代副词研究的新突破》，载《语文导报》1987 年第 2、3 期。

邵敬敏：《副词在句法结构中的语义指向初探》，载《汉语论丛》，华东师范大学出版社 1990 年版。

邵敬敏：《歧义分化方法探讨》，载《语言教学与研究》1991 年第 1 期。

邵敬敏：《关于语法研究中三个平面的理论思考》，载《南京师范大学学报》1992 年第 4 期。

邵敬敏：《汉语语法的立体研究》，商务印书馆 2000 年版。

邵敬敏、饶春红：《说"又"——兼论副词研究的方法》，载《语言教学与研究》1985 年第 2 期。

沈家煊：《词序和辖域：英汉比较》，载《语言教学和研究》1985 年第 1 期。

沈家煊：《语用学和语义学的分界》，载《外语教学和研究》1990 年第 2 期。

沈家煊：《语用否定考察》，载《中国语文》1993 年第 5 期。

沈家煊：《"语法化"研究综观》，载《外语教学与研究》1994 年第 4 期。

沈家煊：《正负颠倒和语用等级》，载《语法研究和探索》（七），商务印书馆 1995 年版。

沈家煊：《"有界"与"无界"》，载《中国语文》1995 年第 5 期。

沈家煊：《认知心理和语法研究》，载马庆株（编）《语法研究入门》，商务印书馆 1999 年版。

沈家煊：《不对称和标记论》，江西教育出版社 1999 年版。

沈家煊：《跟副词"还"有关的两个句式》，载 2001 年《中国语文》第 6 期。

沈家煊：《再谈"有界"与"无界"》，载《语言学论丛》（第三十辑），商务印书馆 2004 年版。

沈开木：《表示"异中有同"的"也"字独用探索》，载《中国语文》1983 年第 1 期。

沈开木：《"不"字的使用范围和否定中心的探讨》，载《中国语文》1984 年第 6 期。

沈开木：《论"语义指向"》，载《华南师范大学学报》1996 年第 6 期。

石定栩：《汉语主题句的特性》，载《现代外语》1998 年第 2 期。

石定栩：《主题句研究》，载徐烈炯编《共性与个性》，北京语言文化大学出版社 1999 年版。

石定栩：《理论语法与汉语教学——从"是"的句法功能谈起》，载《世界汉语教学》2003 年第 2 期。

石毓智：《语法的形式和理据》，江西教育出版社 2001 年版。

石毓智：《肯定和否定的对称与不对称》（增订本），北京语言文化大学出版社 2001 年版。

税昌锡：《汉语语义指向论稿》，东北师范大学出版社 2005 年版。

汤廷池：《国语分裂句、分裂变句、准分裂句的结构与限制之研究》，载《语言学与语文教学》，台湾学生书局 1981 年版。

汤廷池：《国语的焦点结构：分裂句、分裂变句与准分裂句》，载汤廷池、郑良伟、李英哲（编）《汉语句法语意学论集》，台湾学生书局 1983 年版。

陶　炼：《"是不是"问句说略》，载《中国语文》1998 年第 2 期。

文　炼、胡　附：《汉语语序研究中的几个问题》，载《中国语文》1984 年第 3 期。

王丽君：《"只"的语义指向及语用特征》，载《喀什师范学院学报》2000 年第 1 期。

王希杰：《"N 是 N"的语义关系——从"男同志就是游泳裤"谈起》，载《汉语学习》1990 年第 2 期。

温锁林：《汉语句子的信息安排及其句法后果——以"周遍句"为例》，载袁晖、戴耀晶《三个平面：汉语语法研究的多维视野》，语文出版社 1999 年版。

温锁林、雒自清：《疑问焦点与否定焦点》，载《雁北师范学院学报》2000 年第 5 期。

席　嘉：《与副词"只"有关的几个连词的历时考察》，载《武汉大学学报》（人文科学版）2004 年第 6 期。

谢景荣：《only 的限定范围和限定中心》，载《现代外语》1992 年第 3 期。

徐　杰、李英哲：《焦点和两个非线性语法范畴："否定""疑问"》，载《中国语文》1993 年第 2 期。

徐　杰：《普遍语法原则与汉语语法现象》，北京大学出版社 2001 年版。

徐烈炯、刘丹青：《话题的结构与功能》，上海教育出版社 1998 年版。

徐烈炯：《共性与个性》，北京语言文化大学出版社 1999 年版。

徐烈炯：《焦点的不同概念及其在汉语中的表现形式》，载《现代中国语研究》2001 年总第 3 期。

徐烈炯：《多重焦点》，载《中国语文研究》2002 年总第 13 期。

徐烈炯：《汉语是话语概念结构化语言吗？》，载《中国语文》2002 年第 5 期。

徐烈炯：《几个不同的焦点概念》，载徐烈炯、潘海华主编《焦点结构和意义的研究》，外语教学与研究出版社 2005 年版。

徐烈炯、潘海华：《焦点结构和意义的研究》，外语教学与研究出版社 2005 年版。

徐以中：《副词"只"的语义指向及语用歧义探讨》，载《语文研究》2003 年第 2 期。

徐以中：《"只"与"only"的语义指向及主观性比较研究》，载《语言教学与研究》2010 年第 6 期。

徐以中、胡　伟、杨亦鸣：《试论两类不同的语义指向》，载《语言科学》

2015 年第 6 期。

徐以中、孟宏:《副词"还"的歧义及相关语音问题》,载《汉语学报》2015 年第 1 期。

徐以中、杨亦鸣:《副词"都"的主观性、客观性及语用歧义》,载《语言研究》2005 年第 3 期。

徐以中、杨亦鸣:《"就"与"才"的歧义及相关语音问题研究》,载《语言研究》2010 年第 1 期。

薛凤生:《试论"把"字句的语义特性》,载《语言教学与研究》1987 年第 1 期。

玄 玥:《焦点问题研究综述》,载《汉语学习》2002 年第 4 期。

玄 玥:《论焦点对副词语义指向的制约作用》,2004 年第二届现代汉语语法国际研讨会暨第八届现代汉语语法研讨会会议论文。

杨亦鸣:《"也"字语义初探》,载《语文研究》1988 年第 4 期。

杨亦鸣:《试谈"也"字句歧义》,载《中国语文》2000 年第 2 期。

杨亦鸣、徐以中:《副词"幸亏"语义、语用分析 —— 兼论汉语"幸亏"句相关话题的形成》,载《语言研究》2004 年第 1 期。

殷何辉:《焦点敏感算子"只"的量级用法与非量级用法》,载《语言教学与研究》2009 年第 1 期。

袁毓林:《语用学研究述评》,载《苏州大学学报》1989 年第 4 期。

袁毓林:《话题化及相关过程》,载《中国语文》1996 年第 4 期。

袁毓林:《论否定句的焦点、预设和辖域歧义》,载《中国语文》2000 年第 2 期。

袁毓林:《多项副词共现的语序原则及其认知解释》,载《语言学论丛》(第 26 辑),商务印书馆 2002 年版。

袁毓林:《无指代词"他"的句法语义功能 —— 从韵律句法和焦点理论的角度看》,2002 年第二次现代汉语语法学术讨论会论文。

袁毓林:《从焦点理论看句尾"的"的句法语义功能》,载《中国语文》2003 年第 1 期。

袁毓林:《句子的焦点结构及其对语义解释的影响》,载《当代语言学》2003 年第 4 期。

张 斌:《汉语语法学》,上海教育出版社 1998 年版。

张　斌：《现代汉语虚词词典》，商务印书馆 2001 年版。

张伯江、方梅：《汉语功能语法研究》，江西教育出版社 1996 年版。

张国安：《关于副词修饰名词问题》，载《汉语学习》1995 年第 6 期。

张国宪：《论对举格式的句法、语义和语用功能》，载袁晖、戴耀晶《三个平面：汉语语法研究的多维视野》，语文出版社 1999 年版。

张和友：《"NP1 ＋是＋ VP 的＋ NP2"句浅谈》，载《西南民族学院学报》2001 年第 2 期。

张和友：《从焦点理论看汉语分裂式判断句的生成》，载《语言学论丛》（30 辑），商务印书馆 2004 年版。

张　黎：《句子语义重心分析法刍议》，载《齐齐哈尔师范学院学报》（社哲版）1987 年第 3 期。

中国社会科学院语言研究所词典编辑室：《现代汉语词典》（第五版），商务印书馆 2006 年版。

张旺熹：《连字句的序位框架及其对条件成分的映现》，载《汉语学习》2005 年第 2 期。

张亚军：《副词与限定描写功能》，安徽教育出版社 2002 年版。

张谊生：《现代汉语副词研究》，学林出版社 2000 年版。

张谊生：《现代汉语副词探索》，学林出版社 2004 年版。

郑良伟：《汉语有关焦点的表示法》，载汤廷池、郑良伟、李英哲（编）《汉语句法，语意学论集》，台湾学生书局 1983 年版。

赵彦春：《副词位置变化与相关的句法—语义问题》，载《汉语学习》2001 年第 6 期。

赵元任：《汉语口语语法》（吕叔湘译），商务印书馆 1986 年版。

赵元任：《中国话的文法》（丁邦新译），中文大学出版社 1980 年版。

赵振才：《汉语简单句的语序和强调》，载《语言教学与研究》1985 年第 3 期。

周　刚：《语义指向分析刍议》，载《语文研究》1998 年第 2 期。

周　刚：《表限定的"光""仅""只"》，载《汉语学习》1999 年第 2 期。

周国光：《释"合情合理"和"偏听偏信"的对立》，载《语言教学和研究》2002 年第 1 期。

周　韧：《现代汉语韵律与语法的互动关系研究》，北京大学 2006 年博士论文。

周有斌：《"是"字句研究述评》，载《汉语学习》1992 年第 6 期。

周小兵：《汉语连字句》，载《中国语文》1990 年第 4 期。

周小兵：《限定副词"只"和"就"》，载《烟台大学学报》1991 年第 3 期。

朱德熙：《现代汉语形容词研究》，载《语言研究》1956 年第 1 期。

朱德熙：《"的"字结构和判断句》，载《中国语文》1978 年第 1、2 期。

朱德熙：《现代汉语语法研究》，商务印书馆 1980 年版。

朱德熙：《语法讲义》，商务印书馆 1982 年版。

朱德熙：《关于先秦汉语里名词的动词性问题》，载《汉语学习》1988 年第 1 期。

朱小雪：《Gerhard Helbig 的价语法理论及其实用语法模式》，载《国外语言学》1989 年第 1 期。

后　记

　　本书是在我的博士论文的基础上修改而成。十年前当我完成博士论文时，我在后记里写下的是"深深的感谢和歉疚"。十年后，当我终于决定将这仍不成熟的书稿出版时，在后记里能写的仍然只能是"深深的感谢和歉疚"。

　　感谢在求学路上给我启蒙与教导、陪伴与鼓励的师友。在华中师范大学和北京大学求学期间，我心里常常充满感动和敬畏，这些感动源于各位师长视学术如生命的精神；源于各位师长渊博的学识和严谨的治学态度；源于各位师长鼓励后学、平易近人的大家风范。而这份感动和敬畏会在我心中长存，深深地影响着我，使我知道应该如何面对自己的学生和工作。

　　首先感谢我的导师沈阳教授。我一直觉得做沈老师的学生是很幸运的事情。没有沈老师的关心和爱护，我可能就与北京大学无缘，也不可能顺利毕业。在北京大学学习的日子，我因为家中接连不断的变故牵扯了很多精力，学习上时不时显得力不从心，让我感到无法坦然面对沈老师。但是，沈老师虽然是出了名的令人敬畏的"严师"，对我却显得很宽容，总是给我鼓励，几乎没有批评的时候。在我的论文写作阶段，沈老师自己有极繁重的教学科研工作，却花费很多精力指导我的论文写作，从选题到框架，从结构到内容，每一个细节沈老师都尽心指导。有时写到半途无法进行下去，我就把那些不成型的片段发到沈老师的邮箱，沈老也不以为忤，无论我什么时候发过去的邮件，他总是及时回复，给我意见，好几次，我半夜一点多钟发出的邮件，第二天一早打开电脑就能收到回信，一看时间，往往是在我的邮件发过去半小时左右。在论文进行到最后阶段，由于工作和家庭几个方面的压力，我几乎就要坚持不下去了，沈老师积极帮助我克服各个方面的困难，或者鼓励以增强我的信心，或者批评给我当头棒喝，使我最终顺利毕业，也顺利地找到了工作。回想北京大学四年沈老师给我的关心和爱护，我只能说一声：谢谢您！沈老师！

特别要感谢郭锐老师给我的辛勤指导，在北京大学的日子，沈老师经常在国外，平时我是由郭老师代管的，日常的琐事、论文的写作等很多事情都是郭老师费心。郭老师为人敦厚，让我感到在他面前很放松，所以很多时候，我有事情就会想到找郭老师。在论文指导上，郭老师心思缜密，分析深入细致，常常给我很多启发。尤其是在论文的最后写作阶段，我的预答辩结果很不理想，郭老师专门安排时间听我陈述自己的论文构想，和我讨论各个章节的具体内容，从而使得我的论文能顺利进行下去。当初稿完成后，郭老师又通读全文，做了详细的批注，从文字错误到格式、从例句到分析都提出了切实中肯的修改意见，最终使我如期完成了论文的写作。没有郭老师的指导，我不可能按期毕业！

深深感谢陆俭明老师、马真老师、蒋绍愚老师、王洪君老师、袁毓林老师和詹卫东老师。我在学术上的成长得益于各位老师的学术精神和学术造诣的滋养。

感谢我的硕士导师李向农教授，当初我考上华中师范大学时，根本不知道如何进行论文写作，是李老师领我走进了现代汉语的研究领域，引导我如何发现问题、观察事实、分析论证并最后解决问题，教给我做研究的基本功。当我面临生活中的各种困难时，李老师总是及时给我分析情况排忧解难，这尤其让我心怀感激。感谢华中师范大学语言学系的邢福义教授、王国胜教授、吴正国教授、储泽祥教授和武汉大学的萧国政教授，在华中师范大学学习时，各位教授对我的教诲，不但使我学业上有所进步，更在为学为人方面授我以"渔"，使我终身享用不尽。感谢师母汤老师对我的关心，与师母的家常话总是让我感到生活中的乐趣。

感谢李宇明教授和夫人白老师，自从进入华中师范大学学习后，无论是学习上还是生活上，我就时时得益于李老师和白老师的教诲，尤其是在北京大学学习期间，每每在生活中遇到困难，我都会找李老师和白老师倾诉，而他们无论多么繁忙，总会及时给我鼓励，以他们丰富的人生阅历给我指引方向，使我最终能直面生活，保持积极乐观的心态。

还要感谢香港科技大学的潘海华教授多次提供资料并解疑答惑，感谢 Horn 教授给我寄来参考文献资料，这些资料对我的论文写作提供了很大的帮助。

　　一路走来，昔日的同学们给了我很多帮助，我深深地感谢他们。感谢室友彭国珍、刘润楠、李慧贤，和她们做室友的日子，是我永远难忘的美好时光。感谢蒋静忠、李范烈、罗琼鹏、孙天琦等同门师弟师妹们的帮助和交流！感谢熊权、栾伟平、钟小华、陈春敏等同学的相互鼓励与支持！感谢孙春颖、张科、柯航，没有你们的陪伴，求学的生活将黯然失色！

　　感谢我所有的家人，你们是我今生最好的遇见！尤其感谢我伟大而平凡的母亲！感谢母亲于艰难岁月中依然给了我生命，也感谢母亲以自己的坚韧和善良给我诠释了人的意义，使我能有机会和勇气经历四十多年的人生！

　　感谢编辑宋焱女士，她的高效和勤勉使本书得以顺利出版！

　　最后向所有关心和支持我的师长、朋友和家人表达我无以为报的深深歉疚！

殷何辉

2017 年 5 月 15 日